30 answers to become an extraordinary salesperson

あの人だけが、なぜ売れるんだろう？

1ヵ月で売れる販売員になる30のこたえ

平山枝美
Emi Hirayama

幻冬舎

あの人だけが、なぜ売れるんだろう?

1ヵ月で売れる販売員になる30のこたえ

はじめに
introduction

接客に自信が持てない。やればやるほど、自分のやり方が正しいのか、わからなくなってくる。

はっきりしたルールがないからこそ、このように悩む人は多いでしょう。

忙しい売り場では先輩や店長もアドバイスしてくれません。接客の評価も売り上げが中心となるので、予算が達成できないことで「私は販売員に向いていない」と、落ち込むこともあるでしょう。

でも、大丈夫。

このように悩んでいても、人に聞けないような疑問を一つずつ解決していけば、自信を持って接客ができるようになります。

私もかつて販売員として働いていた頃、「自分はこの仕事に向いていないのではないか」と悩んでいました。お客様を目の前にして頭の中が真っ白になってしまったり、お客様に苦笑いされたりと、失敗ばかりだったのです。そのたびに自分がやっていることは果たして正しいのか、考え込みました。

そんな時、先輩の言葉が、私の心を軽くしてくれました。

「自分が正しいのか知りたいなら、まずは自分のやったことを検証してごらん。それが自分の答えだから」

そう、教えてくれたのです。

どうしてうまくいかなかったのか、接客を振り返る。自分で「こうかな？」と仮説を立て、試してみる。それを繰り返していくうちに、だんだんと自分だけの答えが見つかっていきました。お客様の嬉しそうな顔を見る機会も増えました。そして、自分自身をダメな販売員だ、と追い込み、落ち込むこともなくなっていきました。

数年後、私は講師としてアパレル企業や商業施設、インテリアショップや美容師の方に向けてセミナーを行うようになりました。

受講者から質問をいただく機会が増え、その中に「自分はお客様の目を見て話すようにしているのですが、正しいですか?」など、自分の接客が正しいかを確かめる質問が多いことに気がつきました。また、業種にかかわらず、私が抱いていた疑問と接客に携わる人たちの悩みがほとんど変わらない、ということにびっくりしたのです。

この本はかつての私のように、接客に自信が持てない方に向けて書いたものです。

セミナーやＳＮＳで多く寄せられた悩みを中心に「こんな些細なこと、今更聞けない」というリアルな疑問に答える形で執筆しています。

巻末には、各項目で挙げているポイントをまとめたチェックシートがあります。自分自身でチェックしてもいいですし、先輩や店長に頼むのもおすすめです。チェックシートを見ながら、アドバイスをもらえるかもしれません。

この本を手に取っている方が店長なら、ぜひ、スタッフにプレゼントしてください。そしてチェックシートを一緒に埋めていきましょう。

これが全部埋まれば、誰もが自信を持って売り場に立てるはずです。

本書を読み、早速、売り場で試してみましょう。

ページをめくるごとに、お客様と皆さんの笑顔が増えるよう願っています。

目次

contents

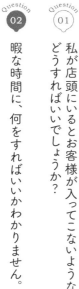

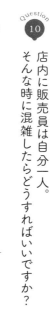

STEP 2

お客様の本音を探る

ニーズ把握

STEP 3

お客様の「欲しい！」をくすぐる

商品提案

STEP 4 聞きたくても聞けなかったこと スキルアップ

STEP 1

お客様が居心地のいい店作り

▸▸▸ 動的待機〜アプローチ

Question

01

私が店頭にいると
お客様が入ってこないような気がする。
どうすればいいでしょうか？

Answer

店頭でほどよく
忙しさをアピールしてみましょう。

通路にお客様はいっぱいいるのに、自分の店にはスタッフばかり。たまに店をちらっと見るけれど、目が合いそうになるとぱっと逸らされてしまう。そんなお客様たちに入店してもらうには、どうしたらいいでしょうか。

私が配属された百貨店には、休日は平日の倍以上のお客様が来店していました。通路は、トイレに急ぎたいという時に、人を避《よ》けるのがちょっと大変というくらいの混みようです。

しかし、私がいる店は休日でもお客様が入らず、がらんとしていました。周りの店を見回せば、どの販売員もお客様を接客しています。店長は売り場の陳列をあれこれと変えましたがその効果もありません。「店内に販売員しかいないとお客様は入りにくいよね」と早めの休憩をとることにして、店長は売り場を出ていきました。これでお客様が入ってくるかも。接客頑張ろう、と気合を入れました。

しかし、私一人になってもお客様は入店してこないのです。私はこんな時は声出しだ、と大きく声を張り上げました。

通路を歩いているお客様になんとか振り返ってもらいたくて、通りかかるお客様を見ながら「いらっしゃいませ、どうぞご覧くださいませ」と呼びかけました。時折お客様と目が合うと、満面の笑みで「いらっしゃいませ」と語りかけます。しかし、お客様は顔を引きつらせるばかりでした。

店長が休憩から戻ってくるまでの間に、なんとか1点でも売っておきたいのに。私は必死に売り場で声出しを続けましたが、お客様が入ってくることはありませんでした。

笑顔や元気な声出しは、お客様を待つ間の基本と言われています。店舗によっては声出し当番が設けられ、積極的に声出しをするように指示される店もあるくらいです。このように重要視されている声出しですが、お客様が入ってきてくれなかったのはなぜでしょう。

それは、お客様には、私が「買ってください」オーラを必死に出しているように見えたからです。

お客様が入店しやすいように販売員が立ち居振る舞いに気を配ることを「動的待機」と呼んでいます。**入りやすい店とは「話しかけられたくないけれど、いざとなったら頼りになる販売員がいる」店**です。

販売員が手を動かしているのを見て、お客様は「あの人は暇じゃないから、商品を手に取ってもゆっくり見せてもらえるだろう」と考えます。

そして、販売員のにこやかな表情を見て「あの人なら感じ良く説明してくれそう」とも思います。このように、動作の一つ一つには意味があります。

しかし、これらが「買わせるためにわざとやっている」と手の内をお客様に知られてしまったらどうでしょうか。お客様はかえって、入店することを避けてしまうのではないでしょうか。

あくまで自然に見えるように、「今とっている行動は、無意識の内にしています」という演出が必要なのです。


比較的高価な服飾雑貨を扱うセレクトショップがありました。手軽にいくつも買うことができないような価格ですし、陳列にも高級感が漂う店です。しかし、店の前の通路は人がまばらであるにもかかわらず、その店にはいつもお客様が絶え間なく訪れます。

その店のスタッフは、いつも「感じの良さそうな」笑みを浮かべながら、商品の配置を変えたり、メンテナンスをしたりしていました。

感じが良い、と一口に言っても様々ですが、その店のスタッフは、皆、唇が突っ張らない程度に口角を上げ、目元をゆるく弓なりにするように微笑んでいました。たとえるなら、テーマパークのスタッフではなく、優しい旅館のおかみさんといったような温かい表情です。

動きはバタバタとせわしなく身体を動かすのではなく、テキパキと商品を配置したり、向きを変えたりしていました。常に商品を触るなどして、両手を動かしている状態です。声出しもお客様に語りかけるような柔らかいものでした。余裕があるけれど暇ではない、その自然な動きが居心地のいい売り場の雰囲気を作り出していました。

以前は「売り場では走れ、歩くな」と指示されることもあったと言われるくらい、動的待機は重要だとされてきました。しかし、「やりすぎ」はかえって、お客様に下心を感じさせてしまいます。

また、これは当然ですが、むすっとしていたり、無表情だったりすると、お客様に「壁を感じる」「やる気がないから頼りになりそうにない」という印象を与えてしまいます。この印象は、ファーストアプローチ後も引きずるので気をつけたいものです。

自分の動的待機については、店内の鏡で自分の動く姿を確認するだけでも発見があります。頬から引き上げるように口角が上がっているか、伏し目がちではなく目元に適度な力が入っているか、などを確認します。

さらに、入口に対して身体の側面を向けるようにすると、お客様と目が合いにくく、かつ、お客様の様子を摑《つか》みやすくなるでしょう。

商品のメンテナンスばかりでは、さすがに自然に振る舞うのは難しい、と思うこともあります。そんな時は『Q02 暇な時間に、何をすればいいかわかりません』（P21）を参考にしてみてください。必要な行動をすることで、忙しい空気を上手に演出することができます。

お客様に入店してもらうためには、笑顔の押し売りや、むやみに声出しをするのではなく、受け入れてもらいやすい動作を常に模索したいものです。

?

私が店頭にいるとお客様が入ってこないような気がする。どうすればいいでしょうか？

Point 1

声出し＋αの動作でほどよい忙しさを演出する

Point 2

わざとらしくない自然な笑顔と目元を意識する

Point 3

入口に対して身体の側面を向け、隙を作る

Memo

お客様が安心して入店できる動的待機を心がけましょう。

Question
02

暇な時間に、
何をすればいいかわかりません。

Answer

商品の特徴を
3つ考える時間にしましょう。

お客様がいない時間が続くと、さすがに暇。店の掃除はやりつくしたし、商品の配置を変えてみるのも限界。お客様が入りやすいようにするには、テキパキ動いた方がいいのはわかっているけれど、何をしていればいいのかわからない、という声が売り場から聞こえてきます。

エリアマネージャーとして私が郊外店を巡回していた時、どの店もお客様がいないことで悩んでいました。接客するために売り場にいるのに、来店がない状況に暇疲れしてしまったことを覚えています。

その日も店はおろか通路にもお客様がまばらでした。

私は「なんとしてでも入店してきたお客様に声をかけたい」と思いつつ、売り場を見回しました。しかし、話しかける相手はいません。洋服も畳み終わってしまったし、陳列だって変えたばかりだし。そう思って今のうちに事務作業をしてもいいかな、とレジに入ることにしました。

熱心に書類にペンを走らせている間、ふと気配に気がついて顔を上げると、お客様が一人、ひっそりと商品を手に取っています。

しまった！　と慌ててレジから出ると、お客様は接客されると思って警戒したのか、見ていた商品をすっと戻して、私と目を合わさずに売り場から出ていってしまいました。あのお客様が入ってくるとわかっていたら、事務作業なんてしなかったのに。そんなことを思いながら、がらんとした売り場でただ一人、私は一向に開かないレジを見ながらため息をつきました。

では、私たちはずっと売り場に突っ立っているしかないのでしょうか。

お客様がいない間は、商品知識を増やし、接客に備える時間にしましょう。

私の同期はお客様に商品をおすすめする天才でした。どのような天才だったかというと、どんな商品でもいいところを見つけてお客様に提案できるのです。例えば、一見シンプルで特徴のないTシャツでも「襟まわりの開き具合が絶妙です」「透けにくいので重ね着しなくても着られます」「手を上げてもお腹が出ない丈です」など、ぽんぽんいいところが出てきます。

私自身は接客の際に「シンプルだから長く使えます」くらいしか言えませんでした。それで後悔することも多く、すらすら言葉が出てくる同期が不思議で仕方ありませんでした。

そこでコツを聞いてみると「売り場で暇な時に、商品の特徴を3つ考えるようにしているんだよ。いいところをあらかじめ考えておくと、咄嗟《とっさ》の時に出やすくなるの」というアドバイスが返ってきました。

半信半疑でしたが、売り場は相変わらず閑散としていたので試すことにしました。小さなノートをポケットに入れておいて、商品を見ながら特徴を考えてみます。「このワンピースは丈が長い。ゆったりしている。シワになりにくい」。当たり前のことですが、これをメモしておきました。

すると、作業をしていると思ったのかお客様がそっと入店してきました。私が特徴を考えていた商品を手に取ったので、先程メモをしたことがぱっと頭に浮かび、以前よりも詳しく特徴を話すことができました。どれも当たり前のことですが、いざ接客中に言おうと思ってもなかなか出てこない言葉だったので、私自身とてもびっくりしました。

このように、当たり前のことでも、頭が真っ白になってしまいがちな接客中は、なかなか言葉が出てこないものです。**お客様がいない暇な時は商品の特徴を3つ挙げられるようにして、接客に役立てましょう。**

レジではなく売り場でできる取り組みなので、接客に切り替えやすいのもいいところです。

３つの特徴を考えると言っても、ずっとそればかりだと単調で飽きてしまうことがあります。そんな時は、３つの特徴からさらに考えを深めてみると、よりお客様の心をくすぐる一言を用意できます。

例えば、フルーツケーキがあったとします。３つの特徴は「日持ちする」「甘さが控えめ」「大きいので皆で食べられる」ということ。次に、このケーキをどんなお客様にすすめたいのかを考えてみます。

ここではお孫さんのためにケーキを買おうとしている方をイメージします。

⁘「日持ちする」↓お孫さんがいらっしゃる日が少し先でも大丈夫
⁘「甘さが控えめ」↓甘いものが苦手なご家族がいても大丈夫
⁘「大きいので皆で食べられる」↓人それぞれ大きさを変えられる

このように、なぜそれをすすめたいかを説明できれば完璧。お客様に合わせた言葉がすぐに出てくるようになります。

1 3つの特徴を考える
2 どんなお客様にすすめたいかを頭に浮かべる
3 なぜそのお客様にすすめたいのかを考えてみる

この流れです。店に誰もいない時間を使って、お客様とのトークを準備しておくと、言葉が出なくて焦ったり、接客が終わった後に「あれを話せばよかった」と後悔したりせずに済みます。

他にも、次のような備えをしておくといいでしょう。

- 以前聞かれてうまく答えられなかったことを調べてみる
- コーディネート（洋服やインテリア）をしながら、心の中でトークをする
- 商品のメンテナンスをする（ホコリを払う、毛玉を取るなど）

お客様がいなくて暇だけど、事務仕事をすると接客しづらくなる時はあるものです。売り場にいながら、トークや質問、会話のネタなどを準備しておくと接客に役立てることができます。

?

暇な時間に、
何をすればいいかわかりません。

Point 1

1日1商品以上、
特徴を3つメモする

Point 2

どんなお客様に
すすめたいかをイメージする

Point 3

そのお客様におすすめしたい理由を考える

Point 4

接客でうまく答えられなかったことを
復習する

Memo

お客様に商品をすすめる時、すらすら言葉が出てくるようになります。

Question

03

ファーストアプローチが苦手。どうすれば得意になりますか？

Answer

気合を入れすぎず、「接客あるあるワード」を避けて話しかけるのがポイントです。

お客様に声をかけるのは、時に憂鬱なものです。なぜなら、お客様から「声をかけないで」というオーラを出されたり、まるっきり無視されてしまったりすることもあるからです。こちらが悪いことをしているわけでもないのに、そんな態度をとられたら誰しも悲しくなってしまうでしょう。しかし、話しかけなければ接客は始まりません。

お客様の販売員に対するネガティブな感情を少しでも軽減させ、私たちの声かけへのハードルを下げてもらうには「ゆるく話しかける」ことがポイントです。

私がある店にヘルプで入った時のことです。そこは顔見知りのお客様もおらず、どの方も初対面でした。ヘルプとはいえ、売り上げ目標があった私は、なんとかお客様に声をかけて売り上げを上げよう、と意気込んでいました。

お客様が来店し、パーカーを手に取りました。そこで私は「よろしければご試着できますので」と元気いっぱいに声をかけました。そして、反応が良ければそのままの勢いで商品説明を始め、コーディネート提案に持ち込もう、と考えていたのです。

しかし、お客様は声をかけた私に対して引きつった顔で後退《あとずさ》り、和やかに話を聞いてくれそうな雰囲気はありませんでした。

その後も何人かのお客様に話しかけましたが、どなたも反応が薄いままです。なんとか話を聞いてもらおうと、テンションを上げて「かわいいですよね」「今日入荷したばかりです」と声をかけまくりましたが、その日は1日空回りするだけで終わってしまったのでした。

テンションを上げ、気合を入れてお客様に声をかけたのに、ファーストアプローチがうまくいかない。一見接客の手本のような元気なアプローチがこのようになってしまうのは、「買ってくれるかな?」という販売員の下心が透けて見えるからです。

お客様は販売員のことを基本的に疑いの目で見ています。買う気もないのに調子良く話に応じたら買わされるのではないか、買わせるために近づいてきたのではないか、と思うとついつい販売員との間に壁を作りたくなります。

特に、元気いっぱいで気合のみなぎった販売員の様子を見たり、販売員がよく口にする「接客あるあるワード」を聞くと、自分がうまいこと乗せられてしまうのでは、と警戒してしまうものです。ですから、**最初は力まず、こんな話しかけ方でいいの? と思うくらいゆるく話しかけるのがコツです。**

私がよく足を運ぶショップで商品を見ていた時のことです。販売員が私の隣にいるお客様に「こんにちは。今日は寒いですね」と声をかけました。そのまま接客トークが始まるのかな、と思いきやその販売員は「ごゆっくり見ていってくださいね」と離れてしまいました。

「いいのかな？　せっかく話しかけたのに」と思っていたのですが、その後に、お客様にいくつかの変化が生まれました。

まず、商品を手に取る回数が増えたこと。話しかける前よりも後の方が、広げてみたり、あれこれ比べてみたりとリラックスしているように見えました。

そして、あるお客様は近くに別の販売員がいたにもかかわらず、最初に話しかけてきた販売員に「試着したい」と伝えました。その販売員がいいと直感的に判断したからでしょう。

その後もその販売員が「こんにちは」「ありそうでない色ですよね」などと軽く声をかけているところを何度も見かけました。どのお客様も自分から問い合わせたい時はその販売員を探していましたし、再度話しかけられた時には身体を販売員の方に向けて話していたのです。

事前に挨拶を交わしておくことで、お客様の警戒心が解かれていることがわかります。

これは、友人に会う時、会った途端いきなり話し始めないことと同じです。大抵は挨拶をして、相手が元気かどうかなど様子を見てからどんなふうに話すかを決めます。**売れる販売員は、こうして最初に相手の反応を見る目的で話しかけています。**

とにかく売り込まなきゃと意気込むのではなく、ちょっとお客様の様子を見てみよう、という程度に軽く話しかけることを意識してみましょう。

笑顔はもちろん大切ですが、わざとらしくない自然さが大切です。穏やかに微笑みながら落ち着いて「こんにちは」と声をかけると、お客様も応じやすくなります。

また、声をかける前に目が合った時は、微笑んで会釈をするようにしましょう。話しかけた時に自分のキャラクターを伝えようとするのではなく、話しかける前から自分の表情や動きに気を配っておくと印象が良くなり、ファーストアプローチへのハードルがぐっと下がります。

このように肩の力を抜いておくと、相手の反応が薄くてもダメージを受けずに済みます。「絶対いい反応を引き出さなきゃ」と思うと無視された時に立ち直れませんが、ゆるく話しかければ「そういう時もある」と受け流すことができるでしょう。

お客様に話しかける時は「こんにちは」「素敵な色ですよね」などゆるく話しかけ、詳しく話を伺うのはセカンドアプローチに持ち越すとよいでしょう。

ファーストアプローチが苦手。
どうすれば得意になりますか？

Point 1
動的待機の時と同じくらいのテンションで話しかける

Point 2
「接客あるあるワード」を使わない

Point 3
お客様の反応をうかがうに留めて、詳しくはセカンドアプローチに持ち越す

Memo
お客様に、自然に接客を受け入れてもらえるようになります。

Question

04

お客様に声かけをすると
「まだ見ているのに」という
顔をされてしまいます。

Answer

お客様が商品を手に取って、
3秒数えてから話しかけましょう。

お客様にお声がけする時には、誰しも緊張するものです。入店したばかりだから商品を一人で見たいかな、でもいずれは話しかけないといけないし、とお客様を観察しすぎるあまり、タイミングを逃してしまうことがあります。どうすればいいでしょうか。

私が新入社員だった頃の話です。お客様に話しかけるたびに、まだ見ているのにという顔をされたり、申し訳なさそうな顔をされたり、といった反応の悪さから、ファーストアプローチをすることに抵抗を覚えるようになっていました。

しかし、話しかけないわけにはいきません。店長からも「入店したお客様全員に話しかけよう」と言われていたことが頭をよぎります。

そこで、話しかけやすいように自分で基準を作りました。それは「お客様が商品を手に取ったら、話しかける」というもの。

自分でルールを決めたら、話しかけやすくなりました。それまで「今はダメかな」とまごついていたのが、「今だ、声をかけよう」と一歩踏み出しやすくなったのです。

しかし、そこでまた問題が起きました。お客様が商品を手に取ったと思ったら、すぐに戻してしまうのです。そして、そんな時、お客様はなおさら気まずそうにしていたのでした。

私はなんとか話しかけられるようになったのに、そこから先、どうすればいいかわからなくなりました。再び声をかけることが怖くなってしまったのです。


この例のように、商品を手に取ったお客様にすぐ話しかけるというルールを決めている人も多いでしょう。しかし、それでうまくいかないのは、お客様が「商品を手に取ったら販売員に話しかけられる」ということに気がついているからです。じっと見た上に、商品を手に取った瞬間に距離を詰めれば「買わせるために近づいてきた！」とお客様を警戒させてしまいます。

近年では残念ながら、ネット上で「販売員に話しかけられないようにするコツ」などのコラムも散見するようになり、話しかけられないよう予防線を張っているお客様までいます。その商品を買うかわからないのに話しかけられることにプレッシャーを感じているのでしょう。そのため、販売員が見ている中で商品を手に取るということに抵抗があるのです。

一方、商品のことを教えてほしい、購入したいので背中を押してほしい、サイズ違いを探してほしいなどの要望から、販売員の声かけを待っているお客様もいます。

接客してほしいのか、接客してほしくないのか、を見極めるポイントは「同じ商品を3秒以上手に取っているか」です。

お客様が入店し商品を見ている様子をさりげなく観察しましょう。じろじろ見たり後ろから近づいたりすると追い回されているように感じさせてしまうので、商品をメンテナンスしつつ、目の端や気配でお客様の動きを捉えられれば完璧です。

また、**話しかける際はお客様に話しかけやすい位置にいる**ようにします。いきなり大股歩きで近寄るとわざとらしいので、商品を整えているうちに近づいてしまった、という自然な距離の詰め方を心がけます。多少遠回りになっても、横から近づいていくのがコツです。

お客様が商品を手に取ったらすぐ話しかけず、3秒カウントしましょう。これは「あれ？　商品を手に取ったけど話しかけてこないぞ」と安心してもらうためです。3秒カウントしている間に商品を置いたら「手に取ってみたけど、何か違った」、それ以上見ていたら「興味が湧いてきた」という証拠なので、話を聞いてもらえる可能性が高まります。

ただし、3秒に間に合わせなければダメというわけではありません。慌てて駆け寄ったりするとターゲットにされたという印象を与えるので、心を開いてもらいにくくなるでしょう。近づく前に商品を戻してしまった時は、また別の商品を手に取った時に話しかけよう、と気楽に構えればいいのです。

以前、ファーストアプローチが上手な服飾雑貨店のスタッフを見かけました。彼女はお客様がバッグを見ていたのをわかっていたようでしたが、少し近づいた時に背中を向けられたことに気がつき、声をかけるのをやめたようです。

その後、3秒間ほどでマフラーを畳み直し、棚に置きながら「そのバッグは、開きが大きいのがいいんです」と話しかけました。すると、さっきまでの閉鎖的な空気が一変、お客様は身体をスタッフの方へ向けて、目を合わせたのです。お客様が心を開いた瞬間でした。

気になった私は後日、自分の買い物がてらその販売員の方に話を伺ってみました。その人はお客様の興味が高まってきた時を狙って話しかけるのが得意で、お客様から無視されたことはほとんどないと言います。

以前は彼女も絶対にお客様を逃してはいけないと焦って話しかけていたようなのですが、それではお互いに余裕のない状態で話をすることになり、ぎくしゃくすると感じたようです。その違和感がアプローチのタイミングを変える転機になったと教えてくれました。

また、なるべく自然に近づいているように見せるために、マフラーやバッグなどの商品を整える時は鏡で自分の立ち居振る舞いを見て練習していたそうです。このような小さな積み重ねが、お客様に「ちょっと話を聞いてみようかな」と思ってもらえる空気を作り出したのでしょう。

お客様を逃したくない一心で、焦って話しかけると、かえってお客様に警戒心を抱かせてしまいます。

お客様が商品を手に取ったら、心の中で3秒カウントしてみましょう。お互いの心に余裕がある状態で話をすれば、落ち着いて商品を提案できるようになるはずです。

?

お客様に声かけをすると「まだ見ているのに」という顔をされてしまいます。

Point 1

目の端や気配でお客様の状況を把握する

Point 2

お客様が商品を手に取って3秒数えてから、近づく

Point 3

商品を畳むなどのメンテナンスをしながら、横から近づく

Memo

近づこうとしても、お客様に避けられなくなります。

Question

05

見ているだけで
商品を手に取らないお客様には
どうアプローチすればいいですか？

Answer

雑談として話しかけ、
その話題を膨らませましょう。

お客様に話しかけなければ接客は始まりません。けれど、お客様が足を止めることなく売り場を一周して出ていってしまう場合、私たちはどのように対処していけばいいのでしょうか。

ある年の8月後半のことです。季節の変わり目の時期はアパレルを始め、どの売り場もお客様がまばらになりがちです。私が当時勤めていたアパレルショップでは、前年に催事があったこともあり高い予算がついていました。

売り上げを取るには、お客様に声をかけなければ始まりません。しかし、商品を手に取る時がお客様に声をかけるタイミングだと考えていた私は、商品を手に取らず、すっと売り場を去っていくお客様たちに戸惑っていました。

「どうしよう、売り上げを取らなきゃいけないのに」

焦った末、店長に相談したところ「雑談をしてお客様にお店にいてもらえるようにしたらいいよ。お客様がいるお店は入りやすいからね」と言われました。そこで、お客様に「お仕事帰りですか？」「素敵なバッグですね」などと声をかけるようにしました。しかし、お客様は気まずそうな顔をしながら売り場からあっという間に出ていってしまいました。

雑談をしてお客様の滞在時間を延ばそうとしたのに、かえってお客様の居心地を悪くさせてしまったのはなぜでしょうか。それはかけた言葉に「**販売員の下心**」が表れていたためです。

「お仕事帰りですか？」は決して感じの悪い言葉ではありません。しかし、私はそれを会話のきっかけにした後「新作も入荷しておりますので、ごゆっくりご覧くださ い」と、すぐに接客に結びつけていました。雑談だと思ったお客様は、ニーズも聞いてもらえないまま商品をすすめられては「この人は売りつけるつもりで声をかけたのだ」とがっかりしてしまうでしょう。

雑談をきっかけにお客様の滞在時間を延ばすには、わざとらしくない自然な声かけを心がけたいものです。

「雨はまだ降っていますか？」といった、誰でも話しやすい天候の話題は会話が膨らみやすいでしょう。また「素敵なバッグですね」などと褒める時は「ちょうど私が探していたものと近かったので」と、つい声をかけてしまった理由を話すと、突然話しかけられたお客様の驚きを軽減することができます。

いずれも大切なのは、**声をかけた後もその話題を膨らませること。せっかく話しか**

けたから、と売り込み文句になるような言葉を使うのは避けましょう。

例えば「素敵なバッグですね」と声をかけたら、その後「どちらでお求めになったんですか？」などと続けると、自分が興味を持って話しかけていることが伝わり、好感を持っていただけます。

「雨はまだ降っていますか？」と聞いたら「来週には晴れるみたいですね」というように、天気に関する話題に繋《つな》げます。

一見、意味のないような声かけですが、話している間に他のお客様が入店してきたり、雑談をしているうちにお客様との間の壁が取り払われ、商品提案に繋げることができたりします。

友人が目的もなくメガネ店に入った時のことです。閑散としている中、ぼんやりと商品を見ていると、スタッフから「お持ちのバッグ、大きいですね」と声をかけられました。友人は「そうなんです」と応じました。「私も大きなバッグを探していて。ちなみにどちらのお店のものですか？」という質問から普段買い物に行く場所や、つい買ってしまうものの話をしながら、お互いの趣味が近いということに気がつきました。

会話の中で「この人のセンスなら、自分に合うメガネを選んでもらえるかも」と思った友人は、買う気がなかったメガネを自分から「選んでほしい」と伝え、似合うメガネを見つけることができました。

このように、**雑談にはスタッフとお客様を近づける力があります**。

商品を手に取らないお客様に話しかけたい時は、わざとらしくない自然な言葉選びをしましょう。**声をかけなきゃ！　という空気を封印し、純粋に、お客様に興味があって話しかけましたという気持ちを伝えることが大切**。そうすれば、抵抗なく話を聞いてもらえるようになります。

声をかけられたくない、というオーラを全身から発しているお客様には無理をして話しかける必要はありませんが、商品は手に取らないもののゆっくり店内を回遊しているお客様には、どんな方かを知るきっかけとしてぜひ話しかけてみてはいかがでしょうか。

?

見ているだけで商品を手に取らないお客様にはどうアプローチすればいいですか？

Point 1

天候の話など、世間話で自然に話しかける

Point 2

すぐに接客トークに切り替えず、お客様への興味を示す一言を加える

Point 3

商品と大きく離れない程度の話題作りを心がける

Memo

お客様に親近感を持っていただいてから、商品提案に繋げましょう。

Question

06

ファーストアプローチの反応が薄いと、
セカンドアプローチを遠慮してしまいます。

Answer

反応が薄くて当然。商品を2、3点手に取るのを見送ってからセカンドアプローチしましょう。

さっき話しかけたら、引きつった顔をされてしまった。でも、お客様はまだ店内で商品をいろいろと手に取っている――。

セカンドアプローチに踏み切れない時、私たちはこのように悩むものです。しかし、売れる販売員は二度目の声かけを積極的に行い、売り上げに繋げています。

私がアパレルショップの店長をしていた時のことです。新入社員のスタッフが、お客様が商品を見ているにもかかわらず、声をかけずに服を畳んでいました。私はそのお客様が店を出た後、スタッフにそのことを問いただしました。すると「ファーストアプローチをした時に反応が悪かったので、もう声かけしない方がいいと思って」と言います。

私はスタッフに「お客様が商品を見ているんだから、接客しないとダメだよ」と指示を出しました。しかし、それが裏目に出てしまったのです。

そのスタッフは一所懸命にお客様に話しかけるようになりました。お客様に話しかけるタイミングを逃してはいけない、と後ろをついて回り、商品を手に取るたびに「他にもサイズがあります」「そちらは3色展開です」と、声をかけたのです。

しかし、ある時からそのスタッフはセカンドアプローチどころか、ファーストアプローチもしなくなりました。「何回声をかけてもお客様に冷たい反応をされてしまいます」と言うスタッフに、どのようにアドバイスしたらいいのか私も悩んでしまったものです。

一度目の反応が悪かったお客様に再度話しかけるのは勇気がいるものです。先程のスタッフは精一杯取り組もうとしましたが、うまくいきませんでした。なぜでしょうか。

それは、お客様から「しつこい」と思われてしまったからです。ファーストアプローチでの反応が悪かったのは「しばらく一人でゆっくり見させてほしい」というお客様の気持ちの表れです。それなのに、いちいち声をかけられ、自分で考える余裕をもらえないとイライラしてしまいます。

しかし、売れる販売員はセカンドアプローチをうまく活用し売り上げに繋げています。お客様に商品をゆっくり見てもらいながら、興味を持った瞬間に気付き、タイミングよく話しかけているのです。

そのタイミングとは、どのような時でしょうか。答えは先程のスタッフが教えてくれました。

彼女は一度落ち込んだものの、再びチャレンジを始めました。話を聞くと、他店で受けたセカンドアプローチの感じが良く、自分も真似をしようと思ったと言います。

「ファーストアプローチを受けた時、私は身体を販売員の方に向けず壁を作っていました。そうしたら、その販売員の方は『ゆっくりご覧になってください』と言って、少し離れた斜め向かい側で陳列を直していました。

私が商品を手に取っているのに接客しなくていいのかな？　とも思ったんですけど、そのおかげでゆっくり商品を見比べることができました。

しばらくして、身体に服を当てている時に『私もその服が好きなので、ついもう一度お声をかけてしまいました』と言われたのですが、それがとても自然なタイミングで、思わず私も『そうなんですか？』と答えていたんです」

新入社員がしていた接客と彼女が他店で受けた接客の違いは2つあります。

1つ目は、**お客様が2、3点商品を手に取っているのを見送ってから、声をかけていたこと**。いちいち話しかけてこないという安心感を持ってもらうことで、店内をゆっくり回遊してもらい、場に慣れてもらえるという効果があります。

もちろん、次に触った商品を手に取りスタッフをキョロキョロ探している、などのジェスチャーがある時は話しかけた方が親切です。

2つ目は、**お客様から見える位置で待機していたこと**。ファーストアプローチなど何にでも通じることですが、お客様から見える位置で待機するのがポイントです。後ろにいると見張られているような気持ちになりますし、かといって遠すぎるといざという時お互いに声をかけにくくなります。什器《じゅうき》一つ分程離れ、お客様の様子をちらちらとうかがいましょう。

店内の滞在時間が長いということは、お客様の興味がそれだけ大きいことを意味します。そのようなお客様にはぜひもう一度話しかけてみましょう。ファーストアプローチよりも落ち着いて話を受け入れてもらいやすく、販売員はよりお客様のニーズを聞き出しやすくなるはずです。

?

ファーストアプローチの反応が薄いと、
セカンドアプローチを遠慮してしまいます。

Point
1

お客様が商品を2、3点
手に取っているところを見送る

Point
2

什器一つ分程離れた、
お客様から見えるところで待機する

Point
3

お客様が鏡を探している・
じっと見ている・もう一度手に取った、
などのサインをキャッチする

Memo

セカンドアプローチの時、打ち解けた空気を作ることができます。

Question

07

「○○をお探しですか？」と聞くと
「違います」と言われてしまいます。

Answer

「観察されていた？」と
警戒しているのかも。
見ていなかったふりと共感ワードで、
「はい」を引き出しましょう。

セカンドアプローチを狙ってお客様を観察していると、同じものばかり手に取っていることに気がつくことがあります。「探し物をしているなら、それに応えたい」と思うのが販売員というもの。しかし「○○をお探しですか？」と伺って、お客様に気まずそうな顔で否定されてしまったことはありませんか？

私が駅ビルのアパレルショップに勤務していた時のことです。夏の終わりの時期にお客様が長袖のシャツばかりを見ていました。「長袖をお探しですか？」と声をかけたところ、お客様は「いいえ、そういうわけじゃないです」と引きつった顔をされました。

その後もお客様は長袖のものを見続けています。妙だと思いながらも、お客様に嫌な思いをさせたくなかったので、私はただ見ているしかありませんでした。

すると、ちょうど休憩から戻ってきた店長が、私が話しかけていたことを知らずにそのお客様に話しかけました。そのお客様は話しかけない方がいいのにと思っていた時、お客様は店長の言葉に神妙に頷《うなず》き始め、最終的には商品を購入して帰っていきました。しかもそれは、長袖ではなく半袖の商品でした。

私と店長の接客にはどのような差があったのでしょうか。

後から店長に聞いたところ、このお客様は長袖の商品ではなく「仕事で使える服」を探していた、ということがわかりました。襟のついたものを探していて、それがたまたま長袖だったようです。

私がいたショップには普段にも仕事にも着ることができる服が揃っていたので、お客様の本当のニーズに気がつくことができませんでした。

店長はそのことに気がついていたので「○○をお探しですか？」という言葉を避けて「この時期は目新しいものが多いですよね」と話しかけたのです。すると、お客様は「そうなんです、でも何を買ったらいいのかわからなくて」と言葉を返してきて、そこから会話が始まりました。

こちらの推測だけで「○○をお探しですか？」と話しかけると、時としてお客様の目的とずれてしまうことがあります。

お客様によっては「自分が商品を手に取っていたところをずっと見られていた」「自分の胸の内を勝手に覗き込もうとしている」と感じ、気分を害してしまうこともあるでしょう。大抵のお客様は初対面である私たち販売員には心をいきなり開けないものです。

最短でお客様のニーズを当てようとするよりも、安心して相談してもらえるような関係作りを優先した方が本音を引き出せます。

先程の例では、店長が「この時期は目新しいものが多いですよね」と、共感を引き出すような言葉で話しかけました。共感を引き出す言葉には他にも「環境が変わると何を着たらいいかわからないですよね」「たくさんあると、迷いますよね」などもあります。その時期にお客様が困っていそうなことについて情報収集をしておき、よくある意見を伝えると共感を得やすくなるでしょう。

さて、お客様の心が開きやすくなる言葉をかけたところで、その商品を手に取った理由を伺っていきましょう。

先程の例なら「そちらは長袖ですが、クーラーの利いた室内でお召しになりますか？」などです。すると「はい、半袖は寒くて」「いえ、長袖を探しているわけではなくて」など、お客様はより詳しく説明してくれます。このようにこちらが推測したことを確認していくイメージで、どのように服を着ていきたいのか、似たようなものを手に取っていた理由を少しずつ聞き出していきます。

自分の実体験やお客様との会話で得たもの、ネットのコラムなどから推測します。

例えば「急に気温が下がったから、今朝は着る服を決めるのに時間がかかったな」という実体験を、「季節の変わり目は服選びに時間がかかりますよね」といった声かけに変換して使います。

そこから先は、お客様の話を深掘りしていきます。例えば、寒いという理由だけなら去年買った服でもいいはず。それでも新たに長袖を探しているとすれば、今持っているものでは物足りないということです。そこで「去年の服はご覧になってみましたか？」などと突っ込んで聞いてみると、すすめるものを絞り込めます。

お客様のニーズを早く引き出そうと「○○をお探しですか？」と聞いていませんか？　一見早く引き出せそうですが、心を開いていないお客様には問い詰められているような印象を与えてしまいます。

「たくさんあるとかえって迷いますよね」「どれも良く見えてきますよね」など、お客様の共感を得られるような言葉をきっかけに、少しずつニーズを引き出していきましょう。

「○○をお探しですか？」と聞くと「違います」と言われてしまいます。

Point 1

「○○をお探しですか？」のように商品やニーズを限定しない

Point 2

お客様が共感しやすい一言を使う

Point 3

お客様がなぜその商品を手に取ったのか理由を聞き、深掘りする

Memo

直接的な質問をせず、要望や考えていることを少しずつ引き出しましょう。

Question
08

戻ってきたお客様に
「おかえりなさいませ」と声をかけたら、
なぜか気まずそうなご様子……。

Answer

その一言がプレッシャーになっているかも。挨拶の後、30秒は見守りましょう。

世の中には商品も店も溢れており、お客様はその中で比較しながら商品を選んでいます。そのため、その店だけで即決！ なんていうことはなかなかないかもしれません。他の店を見てきたお客様が自分の店に戻ってきた時、ついつい「おかえりなさいませ」と張り付いてしまうものですが、お客様は困り顔。こんな時、どうすればいいでしょうか。

私が店長をしていた店は商業施設の入口近くにありました。当初はいい立地だと喜んでいたのですが、入ってきたお客様が「まだ他の店を見ていないので」と一度売り場を離れてしまうことも多い場所でした。

ある時一人のお客様が靴を試し履きした後、他を回ってからまた来る、と店を出ていきました。しばらくすると、お客様がお友達と一緒に戻ってきました。黙っていると他のスタッフに声をかけられてしまう恐れがあります。私はすぐに近寄って「おかえりなさいませ」と声をかけました。お客様はお連れの方と顔を見合わせた後、手に取った商品をすぐにその場に置いて、そそくさと店を出ていきました。私は買ってくれると思っていたので、肩透かしを食った気持ちでその場に立ち尽くすしかありませんでした。

お客様が店に戻ってきた時、私たちはつい、買ってくれるはずだ！　と期待してしまいがちです。しかしこのお客様は買うどころかすぐに店を出ていってしまいました。なぜでしょうか。

それはお客様がまだ悩みたいと考えていたにもかかわらず、私が買わせようとして近づいたからでした。お客様はやっぱりこれにしようかな、と思いつつも「これを買って間違いないことを自分でもう一回確認したい」と考えています。その時間を確保できないまま、販売員が接客に入ってしまうと自分で判断できずに購入を促されてしまいます。

また**「おかえりなさいませ」という言葉も、お客様にプレッシャーを与えるもの**です。この言葉には「戻ってきたなら逃したくない」という販売員の意気込みも同時に感じられるからです。そのため、後戻りできないという印象を与えてしまいます。

私が友人のスーツケース選びに付き合っていた時のことです。友人が何店舗かハシゴをした後「やっぱり最初のお店の商品をもう一度見たい」と言うのでついていきました。友人は最後に見た店舗のスーツケースと比べて迷っていたので、この時はまだ「買う」とは決めていませんでした。

店に入ると、最初に接客してくれた販売員と目が合いました。すると「先程はありがとうございました。ごゆっくりご覧になってくださいー」と挨拶だけして、こちらに近づいてくる様子はありませんでした。

友人はそれを見て安心したのか「他の店で見たのとどっちがいいと思う？」と言いながら、スーツケースをゆっくり見ることができました。そして、ケースの中をもう一度確認したいそぶりを見せたところで「他にも素敵なスーツケースがありましたか？」と先の販売員が声をかけ、スーツケースを開いて中を見せてくれました。

その後、販売員は「色はあちらの方が気に入っていらっしゃるんですね」「こちらは軽さを気に入っていただいているんですね」などと、どのような点で迷っているのかじっくり話を聞いた上で商品のメリットを友人に伝えました。結局、友人はそのスーツケースを買うことに決めました。

店を出た後、友人は「ゆっくり見られたからじっくり選べた」と満足そうでした。

戻ってきた！　と急いで接客しようとすると、お客様は「もう少し悩む時間が欲しい」と思うものです。かといって、声をかけなければ「さっき接客してくれたのに忘れられてしまった？」と不親切な印象を与えてしまったり、他の販売員が気付かず接客についてしまったりします。

そんな時は「おかえりなさいませ」ではなく「先程はありがとうございました。ごゆっくりご覧ください」と声をかけましょう。そして、慌てて接客せずにお客様がもう一度商品を確認する時間を作ります。目安は商品を手に取って30秒くらいです。

お客様が商品を手にしたまま静止している、何度も同じところを見ている、など悩んでいるそぶりを見せたら「迷われていますか？」と声をかけましょう。ポイントは、**これで決めてもらう、と意気込むのではなく相談に乗るということ**。どのような点を比較しているのかを聞き出して、それならこちらがおすすめです、と背中を押すと、お客様も自分で選べるし、いいことを聞けた！　と、満足度が高まるでしょう。

お客様が自分の店をもう一度訪れると、ついつい「おかえりなさいませ」と勢いよく話しかけてしまいがちです。しかし、これではお客様が自分のペースで検討することができません。

プレッシャーを与えず、お客様に購入の決め手を与えられるよう心がけていきたいものです。

？

戻ってきたお客様に「おかえりなさいませ」と声をかけたら、
なぜか気まずそうなご様子……。

Point 1
戻ってきたことに
気付いているアピールは
アイコンタクトや会釈で控えめに

Point 2
お客様に声をかけた後、
30秒程見守る

Point 3
お客様が迷っているタイミングを
見計らいながら声をかける

Memo
戻ってきたお客様が販売員の目を気にせず検討できるように配慮しましょう。

Question
09

「もう持っている」と言われたら、どう対応すればいいですか？

Answer

使い心地を確認すると、新しい提案ができる可能性も！

顔と名前が一致していなくても、知らぬ間にリピーターになってくれているお客様もいるものです。そのようなお客様が商品を手に取ってくれている時に声をかけると「もう持っています」と言われ、それなら今更説明することはないかも、と遠慮してしまう場合があるでしょう。しかし、このようなお客様に対して、本当に接客をしないままでよいのでしょうか。

私がライフスタイルを提案する雑貨店で働いていた時のことです。その店では基礎化粧品なども人気があり、種類も豊富でした。一人のお客様が化粧水を手に取っていたので、私は「大容量でたっぷり使えますよね」と声をかけました。するとお客様は「もう持ってるのよ」と言いました。私は「もう持っているなら、今更使い心地を説明するのも変かな。この商品のことはよく知っているよね」と思い、そっとお客様から離れました。

それでもお客様はずっと商品を見比べて何か考えている様子でした。しかし、私は何と声をかけていいかわからず、じっとしていることしかできませんでした。その後お客様は以前から使っているという同じ商品を手に取り、レジに向かったのでした。

その日、私自身も別のショップに化粧水を買いに行きました。肌が弱いので、そのショップのものでないと肌が荒れてしまうのです。店内に入って商品を手に取ると、さっそく美容部員の人が話しかけてきました。私は前述のお客様と同じように「いつもこちらを使っているんです」と答えました。すると、その美容部員が「ありがとうございます。少し乾燥してきましたが、肌が突っ張ったりしていませんか?」と質問してきました。

考えてみるとたしかに、目元が突っ張る気がします。私がそのことを伝えると、その美容部員は保湿力が高い化粧水を提案してくれました。私はなんとなく今のものがいいと思っていたのですが、美容部員から時期に合わせた提案をしてもらったおかげで、より良いものを買うことができたのです。いつも同じものでいいと思っていたし、説明もいらないと考えていたのですが、お店の人から話を聞くのもいいものだな、と思ったのでした。

私とこの美容部員の違いは何でしょうか。私はお客様が商品のことを十分に理解していて、こちらからの説明はもういらないという勝手な先入観を抱いていました。しかし、美容部員は化粧水を使ってもらっていることを前提に悩みや問題がないかを推測し、お客様に現状を確認したのです。その商品をもう一度買いに来たからといって、その商品に満足しているとは限りません。もしかしたら「悩みはあるけれど、なんとなく同じものを買いに来た」ということもあり得ます。

お客様から「もう持っている」と言われたら「今お使いいただいていて、〇〇なことはありませんか？」と聞いてみましょう。

家具や靴なら「傷がついてお困りではありませんか？」と聞いて補修クリームをおすすめしてみたり、メガネなら「蝶番がゆるくなっていませんか？」と聞いて修理をおすすめしたりします。インナーの買い替えなら、何と組み合わせているかを聞き、季節に合わせたコーディネートを提案します。**お客様が気付かない悩みを指摘することで、今使っているものをより良く使用してもらえます。**

また、新しいものをすすめれば売り上げに繋がりますが、お客様にとって必要がないものを無理やり押し付けてはいけません。

「今使っている化粧水にしてからすごく状態がいいの」という返事ならば、どのような使い方をしているのかもう一度確認し「そのままぜひ継続してください」と使い方に間違いがないことを伝え、自信をつけてお帰りいただいてください。

お客様から「もう持っている」と言われて、話すことがないから、と接客を遠慮していませんか？　こちらがもうお客様には説明しなくても大丈夫と思っても、実はお客様が知らないことはたくさんあります。**知っていることであったとしても、それが間違いではなかったと確認する会話もまた、お客様の満足度を上げることに繋がるでしょう**。

「○○なことはありませんか？」などと今の状況を確認し、お客様に安心してお帰りいただけるようにしたいものです。

?

「もう持っている」と言われたら、どう対応すればいいですか？

Point 1

お客様に使用感を確認する

Point 2

使用感を聞いた上で、新たな商品やプラスするとよいものを提案する

Point 3

「ぜひ続けてください」など、時にはお客様の自信に繋がる一言を伝える

Memo

リピーターの生の声は、新規のお客様の接客にも生かせます。

Question
10

店内に販売員は自分一人。そんな時に混雑したらどうすればいいですか？

Answer

「2番目にご案内します」などの一言を添えて順に対応しましょう。

お客様もいないけれど、販売員もいない！　どの店舗も人手不足に悩んでいます。誰かが休憩に出てしまったり、早番の人が上がってしまったりすると店に一人、という経験は誰しもあるもの。ところが、店頭に一人でいる時に限って、お客様が次々に来店。あちこちから声をかけられてパニックになってしまいます。

こんな時、一人一人のお客様に満足してもらえるように対応するにはどうすればいいでしょうか。

私が一人で店番をしていた時のことです。さっきまでずっと人がいなかったのに、接客をしていたらお客様が一人、また一人、と増えてきました。そして、最初に接客をしていたお客様から離れ、提案する商品を取りに行く時、別のお客様から声をかけられました。サイズ違いの有無を聞かれている間に、さらにまた違うお客様に話しかけられました。一人のお客様が私に問い合わせをしているのを見て、自分も、と思ったのでしょう。そのお客様からは、ネットで見た商品の場所を聞かれました。

このように次々に話しかけられてしまい、最初のお客様のところに戻ろうとした時には、そのお客様は「忙しそうだから、もう大丈夫です」と言って店を出ていかれてしまいました。

そのお客様にはすでにたくさんの商品をすすめており、セットで買ってもらえるという期待が高まっていました。私はその分がっかりしてしまいましたし、他のお客様たちも「時間がかかるならいいです」と帰っていきました。来店客は多かったのに、結局誰にも買ってもらうことができなかったのです。

求人を出してもなかなか応募者が来ないような、人手が足りない今の状況で、同じような経験をした人もいるでしょう。

このような時の対応は、ごくごくシンプル。**お客様に「少々お待ちください」と声をかけるだけです**。お客様から離れた時、販売員の接客を待っている側もこのまま待っているべきなのか、放ったらかしにされてしまったのか、と戸惑います。ですから、離れる時に「すぐに戻ってまいります」と一言声をかけておきましょう。

私が、あるファストファッションの店で試着をした時のことです。そこには３つの試着室がありましたが、そのポジションにはスタッフが一人。そして、私が試着室から出ると、ほぼ同時に他の２つからもお客様が出てきました。

スタッフは一人一人に「２番目に丈詰めを承ります」「申し訳ございませんが、３

番目にご用件を承ります。お時間は大丈夫ですか？」と声をかけた後、最初に試着室から出てきた私に話しかけてくれました。

私の用件は別のサイズも試着したいという少し時間のかかるものでした。するとこ「かしこまりました、それでは別のスタッフに手配させますので、こちらでお待ちくださ い」と言い、別のスタッフに声をかけた後、他のお客様のパンツの裾直しなどを始めたのでした。またその合間に、私や待っているお客様に「もう少々お待ちください」「ただ今商品が見つかったそうなので、すぐ参ります」と状況を伝えてくれました。

このように声をかけることで、お客様は自分があとどのくらい待つのか、今どういう状況なのかを知ることができます。

お客様と話をする前に、他にお待ちのお客様がいないか、売り場を見渡すことも心に留めておきたいものです。目が合ったお客様には軽く手を上げたり、会釈をしたりして「気付いています」「次に伺います」とアイコンタクトをとっておきましょう。お客様のイライラがぐっと軽減します。

このように売り場を見渡す癖がつくと、他のスタッフがいる場合はその状況も確かめられます。承った順に対応することが基本ですが、先程の例のように、自分以外のスタッフに任せられる時は指示を出せるからです。

時間がかかる場合は「今連絡がつきました」「あと5分程お待ちいただけますか？」などと状況や時間を伝えるとお客様のイライラも軽減します。

お客様から離れるといつのまにかいなくなってしまうのは「待っていればいいのかどうか」がはっきりしないからです。販売員が戻ってくるとわかっていればお客様も待つことができますし、時間がない時は「また来ます」と声をかけられるのでお互い気まずさがなくなり、お客様も再来店しやすくなります。

簡単なようでいて、焦っている時や他のことで頭がいっぱいの時はなかなかできないのが、一言声をかけるということ。

周りを見回すといつのまにかお客様でいっぱい！　という時はまずは深呼吸をして、声をかけてみましょう。

?

店内に販売員は自分一人。
そんな時に混雑したらどうすればいいですか？

Point
1

「少々お待ちください」と一声かける

Point
2

「あと〇〇分です」「2番目にご案内します」
などと状況を伝える

Point
3

周りを見渡す癖をつけ、
店内の状況を確認する

Memo

お客様が複数いても焦らず落ち着いて対応するように心がけましょう。

column

思い出し笑いで心からの笑顔を作る

笑顔は接客の基本と言いますが、実は私は、笑顔になるのはとても難しいことだと感じています。楽しいと心の底から感じていればいいのですが、問題なのは「大して面白くない」「悲しくてそれどころじゃない」という時にも、感情と逆の表情をしなければならないことです。

一番それが表れるのは目元です。目は口ほどにものを言う、ということわざにもあるように一所懸命笑おうとしても目の表情が伴わないことがあるのです。

感情とは逆であっても、心から笑っているように見せることはできるのでしょうか。

皆さんにぜひおすすめしたいのは、自分が心から笑っている時の写真を一枚用意することです。売り場に立つ前や、どんな顔をして人前に出たらいいかわからなくなった時は、その写真を見て、楽しかった時のことを思い出してください。

いつでも楽しくウキウキとした気持ちで売り場に立てればいいのですが、販売員だって人間。感情には波があります。こうして笑顔を作ることは決して悪いことではありませんし、皆さんが頑張っている証です。

皆さんが少しでも充実した日々を過ごせて、心からの笑顔で売り場に立つことができるよう、私も応援しております。

STEP 2

お客様の本音を探る

▸▸▸ ニーズ把握

Question 11

お客様が心を開いてくれません。
気さくに話しかけているのに、
どうしてですか？

Answer

些細な言動や仕草で、
上から目線になっていることが
原因です。

お客様のご要望に応えるには、お客様の本音を知る必要があります。しかし、どんなにこちらが気さくに話しかけているつもりでも、お客様に壁を作られていると感じることがあります。

どのようにすれば本音を話してもらえるようになるでしょうか。

私自身、どのお客様も一歩引いている印象に悩んでいた時期がありました。「どのような場所でお使いになりますかね？」と丁寧にニーズを聞き出しているつもりでしたし、「それでしたら、こちらがおすすめですよ」と提案も積極的にしていました。でも、お客様からはイマイチ本音を聞き出せていない様子がうかがえました。

隣を見れば先輩や後輩がお客様と冗談を言い合いながら笑っている。私はなぜ、お客様と打ち解けて話せないのだろうとがっかりしてしまったものです。

しかし、その理由は友人たちと話している時に気付きました。彼女たちはどちらかというと人見知りな人たちでした。販売員と接するのも苦手で、できれば会話をせずに買い物をしたいと言います。

その理由を聞いてみると「販売員って大体、上から目線だから」という答えが返ってきました。私は「お客様は神様」と教えられてきたので、自分を含め販売員がそう思われているなんて、と、とてもびっくりしてしまいました。

一方で、話を聞いているうちに思い当たる節が多くありました。例えば語尾の件です。先程の例で私は「どのような場所でお使いになりますか**ね**？」と語尾に「ね」をつけていました。他にも「ごゆっくりご覧ください**ね**」「ただいまお釣りをお返しします**ね**」というように「ね」を連発していました。

友人たちは「馴れ馴れしい」「念押しされているみたい」と口々に言い、私はすっかりその場で小さくなってしまいました。

お客様に気さくに接しようとして、かえって「馴れ馴れしい」と敬遠されてしまうことがあります。**堅すぎる敬語も相手を遠ざけてしまいますが、相手への気遣いがないまま距離を縮めようとすると横柄な態度に見えてしまうようです。**

他にも、お客様が「上から目線」と感じる態度があります。

手を後ろで組む、お客様が「ズボン」と言ったのに「パンツ」と言い換える、「はい」ではなく「はいはい」と返事をする、など数え上げればキリがありません。

これらは本当に些細なことで、人によっては無意識に行っています。

しかし、こちらに悪気がなくても、お客様がムッとしたり萎縮してしまったりすることに繋《つな》がります。腹を立てるとまではいかなくても、なんとなくもやもやとした気持ちになってしまうのです。

これは、お客様が「自分よりも商品に詳しい」「自分よりもおしゃれ」と売り手に引け目を感じるからです。その上、強い態度に出られると「軽んじられている」と思う傾向にあります。

近年では「マウント」という言葉が定着しましたし、SNSでも不快感を主張する時代になりました。お客様が販売員の接し方や人間性を見ながら、心を開くかどうかを判断するようになったのです。

それでは、どのようにお客様に接したらいいでしょうか。

一つは、自分を大きく見せないように配慮することです。お客様のお役に立とうとすると、少しでも頼りになるところを見せようとしてしまうものです。その気負いが語尾の「ね」「よ」や、「はいはい」と繰り返す返事に表れてしまいます。

また、「つまり」「要するに」とお客様の話を要約しないことも大切です。この言葉を使うとお客様は「私が言ったことはそんなにまとまりがなかったかしら」と反感を持ってしまうからです。「私の理解が足りず申し訳ないのですが、◯◯ということでしょうか？」と丁寧にクッション言葉を使ってもいいですし、「なるほど」と一旦受け止めてから「〇〇なのですか」と内容を確認するのも好印象です。

いずれも自分では気がついていないことが多いようです。ロールプレイングをしたり、商品提案を録音したりして、自分の話し癖を把握しておくと意識しやすくなるでしょう。

どのお客様ともすぐに打ち解けてしまう後輩がいました。彼はいつでもお客様に対して丁寧な言葉選びをしていました。「あれ、取ってもらいたいんですけど」という声には「はい、お取りします！」ときびきび動き、「あの、何でしたっけ、ちっちゃな椅子みたいな……」と、商品名がわからないお客様には「手前どもではオットマンと呼んでおります」と知らないことで恥をかいたと感じさせないようにしていました。

いつでも「こう言ったらこう思われるかな」と、お客様の気持ちを考えていた彼のもとにはお客様がひっきりなしに訪れ、満足した顔で帰っていきました。

販売員は些細なことで横柄だと受け取られることを意識しておきましょう。こちらが気さくな表現だと思っている「ね」「よ」などの語尾や「要するに」などのまとめ言葉は、お客様に偉そうと感じさせることがあります。

決して卑屈《ひくつ》になる必要はありませんが、謙虚な姿勢は愛されるものです。

自分を大きく見せるのではなく、お役に立ちたいという意識を持つことで、気さくで親しみやすい印象を持ってもらえるようになるでしょう。

お客様が心を開いてくれません。気さくに話しかけているのに、どうしてですか？

Point 1

共感以外の「ね」「よ」を語尾につける、「はいはい」と繰り返すなどの話し癖に気をつける

Point 2

「ズボン」→「パンツ」のように、お客様の言葉を言い換えない

Point 3

「要するに」などの言葉を避け、丁寧な表現で話をまとめる

Memo

馴れ馴れしいと思われてしまうと損です。まずは信頼を獲得しましょう。

Question

12

お客様が謙遜したり、ネガティブなことを言ったりした時、どう返せばいいですか？

Answer

「皆さん、そうおっしゃいます」とお客様の気持ちに寄り添いましょう。

商品提案をしていて、お客様が「私なんかに使いこなせるかしら」と、不安を口にすることはありませんか？

他にも「私みたいなおばさん（おじさん）」「おしゃれじゃないから」などと自虐的なことを言われると、なんと返していいかわからなくなることがあります。お客様の不安を払拭しながら、納得して提案を受け入れてもらうには、まず受け止めることが大切です。

私が地方の百貨店で接客をしていた時のことです。そこには、比較的年齢層の高いお客様がよくご来店されました。私がいた店は20代くらいのお客様がメインターゲットのアパレルショップだったので、年配のお客様はよく「若者のお店よね。私なんかが入って大丈夫かしら」と口にしていました。

ある時お腹周りが気になるというお客様に、ゆったりしたワンピースをおすすめしました。お客様は「あなたみたいに細ければいいけど」と困った顔をされました。一方で、商品を手に取ってみるなど、気になるそぶりも見せています。私は気になっているなら一度着てもらいたいと思いつつ、「太ってないですよ」などと軽々しいことも言えず、焦ってしまったものです。

このようにお客様が謙遜したり、自虐的なことを言ったりする時、なんと返していいかわからないことがあります。「そんなことはないですよ」と適当に否定することもできませんし「そうですね」と肯定することもできません。そんな時はまず「皆さん、そうおっしゃいます」「誰しも気になることってありますよね」と、気持ちを受け止める言葉を使いましょう。

お客様が否定的な言葉を使う時は「そんなことはない」と否定してもらいたいと思う反面、自分の不安な気持ちを共有してもらいたいという意図もあります。「そのように考えている人はたくさんいます」と伝えることで、お客様の気持ちに寄り添えるようになります。

また、その後に「お客様のように悩んでいらっしゃった方も○○したんですが△△でした」と、同じ立場の人がどのようにしていたかを伝えると、すすめた商品にも安心してトライしやすくなるでしょう。

例えば、先程の「若者のお店よね」と言った方には「お客様と同じ年代の方もたくさんいらっしゃいます」と伝えれば安心していただけますし、「どこで服を買えばいいのか悩んでいらっしゃる、お客様と同じ年代の方に人気の店なんですよ」などと付け加えると、商品を見る意欲が湧きます。

私がパソコンを買いに行った時のことです。あるパソコンをすすめてくれたスタッフに「機械音痴なので、こんな高機能のものはちょっと」と言うと、その方は「皆さん、そうおっしゃいますよ」と微笑みました。

パソコンに詳しくないことが恥ずかしいと、店に行くまで心配だった私にとって、その一言はとても安心できるものでした。

その後、スタッフは「でも、いきなりいろいろな機能があっても困ってしまいますよね。お客様のように仕事で使いたいけれど、どの機能があればいいかわからないという方にはこちらがおすすめです」とそのパソコンをすすめた理由を話してくれました。この人なら気持ちをわかってくれると思った私は、「研修の資料を作りたい」「プロジェクターに接続するにはどうしたらいいか」などと、恥ずかしくて聞けないと思っていた初歩的なことまで質問でき、パソコンと一緒に使うと便利なものもセットで購入して帰りました。

他にもネガティブワードに返す例として、「お客様と同じようにイエローベースで、血色を良く見せたい方がお求めになります」や、「お客様と同じように、部屋を広く見せたい方がお求めになります」などがあります。この時、お客様自身が使ったネガティブワードだけを使うようにしましょう。こちらの推測で「顔色が悪い方にも」などと伝えるとお客様よりもマイナスな表現になり、不快な思いをさせてしまう可能性があるためです。**お客様の声をこまめにメモし、トークのネタをストックしておきましょう。**

お客様の心を開くのがうまい販売員は、お客様の気持ちに寄り添える言葉を使っています。

お客様がつい自虐的な言葉を使ってしまう理由を推し量れると、お客様は心を開いてくれるようになるでしょう。

「こういうことを聞くのは、恥ずかしいですよね」「考え出すと、キリがなくなってしまいますよね」など、お客様が商品を見ながらどのようなことを考えているのか、お客様の立場で考えて伝えられるようになりたいものです。

?

お客様が謙遜したり、ネガティブなことを言ったりした時、どう返せばいいですか？

Point 1

「そんなことないですよ」とすぐに否定せず、お客様の気持ちにまず共感する

Point 2

お客様と同じ立場の人の例を挙げ、提案する

Point 3

お客様が気にしていることを推測し、安心してもらえる一言を加える

Memo

ネガティブな反応に感じ良く言葉を返して、不安を取り除きましょう。

Question

13

口下手なのですが、
接客ってうまくなりますか？

Answer

頷《うなず》くタイミングを知って、
いっそのこと
聞き上手になりましょう。

研修の講師をさせていただくこともあるのですが、そのたびに、参加者の方から口下手の直し方について相談されます。お客様と一対一で話す機会が多い接客で、うまく話せないということをコンプレックスだと考えている人は多いものです。

かくいう私も、販売員になったばかりの頃は大変な口下手で、お客様と二人になるともじもじしがちでした。ですから、接客中に言葉に詰まると背中が冷や汗でびっしょりになり、生きた心地がしませんでした。

言葉に詰まってしまうことを先輩に相談すると「質問すればいいんだよ」と教えてくれました。そこで早速質問を投げかけるのですが、お客様に答えてもらった後、すぐに沈黙になってしまいます。先輩の方に目をやると、お客様との会話が盛り上がっていて、余計焦るばかり。この違いは何でしょうか。

当時は、その先輩と一緒に休憩をとることがよくありました。先程お話しした通り、どちらかが必ず話さないといけない一対一の時間はいつでも緊張しました。沈黙ができないように、一所懸命話そうとするのですが、先輩を目の前にすると言葉が出てこなくなってしまうのです。

しかし、先輩はいつでも私に笑って言葉を投げかけてくれました。そして、あんなに緊張していた休憩時間もいつのまにか終わっているのです。

先輩が私に投げかけるのは「昨日の夜は何食べたの？」とか「最近休みの日何してる？」など、いつも決まった言葉ばかりでした。私はこの前答えた時とさほど変わったことはないんだけどな、と思いつつも先輩が楽しそうに話を聞いてくれるのでついつい話しすぎてしまいました。

先輩が「へえ」とか「それで、どうなったの？」とか「それ、面白いね」と返してくれるたびに、喜んでもらえているならもっと話さなきゃ、と夢中になって話すことができたのです。

お客様と会話が弾まないと悩んでいる人の特徴は、**お客様が話している間に自分は何を話そうかと考えているせいで、反応が薄くなってしまっている**ことです。私自身も頭の片隅で、なんとか面白いことを話さなきゃ、と考えているうちにずれたことを言ってお客様を苦笑いさせてしまうことがありました。

皆さんも、反応が薄いお客様に対して言葉が出なくて困ってしまったことはありませんか？　実は、私たち販売員もお客様に同じような態度を取っていることがあります。質問をしたのに、会話が弾まないのはこのような理由があったのです。

先述した先輩は、思い返せば自分のことを話すことはあまりありませんでした。私の話にリアクションをするだけにして、私が話しやすい状況を作ってくれたのです。そのおかげで言葉がスルスルと出てきました。皆さんもこの状況を作ることができれば、自分からあれこれ話さなければならない、という悩みから抜け出すことができます。

それではどうしたらいいでしょうか。

私は、会話が上手な人がどのような反応をしているのかを観察することにしました。すると、一つの共通点を見つけました。

それは、**相手が話している時に、小さな頷き数回と大きな頷き一回を組み合わせて使っている**、ということです。

例えばこんな感じ。

A「最近、炊飯器を買い替えたんだけどね」
B（小さく頷きながら）「はい」
A「別に値段が高い高機能のものじゃないんだけど」
B（小さく頷きながら）「はい」

A「炊いたご飯がすっごく美味しく感じるの」
B（大きく頷きながら）「へぇーそうなんですね！」

頷きには人の話を聞いていることを示す、「そんなオチがあったんだ」と感心を示す、という2つの役割があります。「はい」と「へぇー」は必ず口に出す必要はありませんが、メリハリが出るよう使い分けましょう。

話の区切りでは軽く首を縦に振る程度、そして、話が一旦途切れた時に、自分がその話についてどのように思っているのかをはっきり示せるように大きく頷くようにします。

トーク番組を見ていると、さざめきのように笑いが入る中で、会話が途切れると、わあっと笑いが盛り上がることに気付きます。そのイメージで頷きの度合いを大きくするのです。

もし頷くタイミングがわからなければ、トーク番組を見ながら司会の人と一緒に頷いてみたり、身近にいるリアクションの良い人に合わせて相槌《あいづち》を打ってみたりして、タイミングを掴《つか》みましょう。

私と同じように口下手だった後輩も、頷くタイミングを勉強していました。先輩が頷いているのを観察しながら、一緒に心の中で頷いてみる練習をしていたところ、接客に変化が表れてきました。

お客様から立て続けに「すみません、私ばっかり話しちゃって」「あれ、いつのまにかこんな時間」と言われるようになったのです。これはお客様が夢中になって話ができるようになっているという証拠でした。彼女はいつのまにか、口下手だと思っているお客様でもすらすら話してしまうような聞き上手になりました。お客様が自分から抱えている悩みを話すようになったのです。

口下手だと悩んでいる人はまず、自分が相手の話を楽しく聞けているのかを意識してみましょう。自分が楽しいと思っているのが伝わるからこそ、お互いの話が弾んでいくのです。

?

口下手なのですが、
接客ってうまくなりますか？

Point 1

次の話題を考えたりせず、
集中してお客様の話を聞く

Point 2

お客様の話にタイミングよく
リアクションする（頷く・相槌を打つ）

Point 3

頷きのパターンを使い分ける

Memo

「話す」より「聞く」ことを意識して、お客様に話してもらえるようにしましょう。

Question
14

二人以上で話し込まれてしまうと、間に入れず接客が成り立ちません。

Answer

お客様の視界に入る位置で頷き、会話に参加していることを意識してもらいましょう。

女性は特に、友人や家族などと複数で買い物に行くことも多いものです。仲が良い人たちと一緒なら、会話も自然と弾むもの。しかし接客をする側としては、お客様の間に入って適切なアドバイスをしていかなければなりません。どのようにすればよいでしょうか。

私が観光地にある商業施設のアパレルショップにいた時のことです。観光地に併設されていたので、そのショップにはほとんどのお客様が二人連れで来店していました。観光地にあるだけに、どのお客様も楽しそうに会話をしています。その時のお客様も会うのが久々だったのか、とても盛り上がっていました。

会話を邪魔したら悪いかな、と思いつつなんとか話しかけると、お客様はこちらに気付いてくれました。しかしそれも会話の序盤だけで、次第に2種類のもこもことしたファーのバッグを手に、どちらが似合うのか、お友達が持論を熱く展開し始めました。「あなたにこっちは似合わないわよ」という言葉に、内心「そんなことないのに」と反論しつつ、お客様が楽しそうに交わしている会話に水をさすわけにもいきません。後ろでじっとお客様の会話を聞いているしかありませんでした。

そして、店の電話が鳴り、それに対応しているうちに、お客様たちはいつのまにか店からいなくなってしまっていたのでした。

こちらは接客したいのに、お客様の間に割り込めない。二人以上で来店したお客様にやきもきさせられることは誰しもあるものです。先程の例では、途中から完全にお客様だけの世界になってしまい、ますます会話に入り込めない状態になってしまいました。

販売員はお客様に気を使うあまり、ついつい背後にちょこんと立って、話が途切れたり、お友達同士で結論を出したりするのを待ってしまいます。しかしそれでは、的確なアドバイスができなくなってしまいます。

このような時は、**お客様の視界に入るようなポジションで話を聞くことが大切です**。無理に話に割り込むと「話してるのに」と気分を害されてしまいます。ファーストアプローチをする際は、商品を整えたりしながらタイミングをうかがいましょう。また、接客中にお客様同士が話し込んでしまった場合は、お客様の前で会話に頷き、相槌を打つようにしましょう。いずれも、横で待機すると自分の存在をアピールすることができます。あまり声を出さず、わざとらしくない程度に多少オーバーに頷いたり笑ったりすると、気付いてもらえるようです。

会話に加わるタイミングはお客様たちが疑問形で話をし始めた時です。「でも、これじゃ前に買ったのと同じじゃない？」と質問口調になった時に「そちらでしたら、おすすめのものがございまして」などと、それに答える形で提案すると、会話に自然に入りやすくなります。

割り込む時は勇気がいりますが、話に加わっている空気を作っておけば相手も会話を止めて聞いてくれるでしょう。複数で食事をしている時、会話に加わるイメージです。

私の後輩はお客様との会話に加わるのがとても上手でした。ある日、親子でいらっしゃったお客様がプレゼント用にストールを探していた時のことです。親子は「こういう柄がいいわよ」「ううん、こういうのは、派手よ」などと二人で言い合いをしていました。その間ずっと、大きく頷いたり、手を叩いて少しオーバーに笑ったりしていると、娘さんが次第に後輩の方をちらちら見るようになりました。おそらく、会話に参加している後輩のことを意識し始めたのでしょう。

親子の会話は5分程続いていましたが、そうなるとお互いの頭が混乱してくる頃です。「でも、こういうのはもう、持ってるかしら？」「わかんなくなってきた」となったところで「そうですよね」と共感すると、親子は急に会話を止め、興味深そうに後輩を見ました。その後に後輩は、「もしお困りのようでしたら、ぴったりのものがありまして」と持ってきていた商品を提案しました。「こちらでしたらお好きなタイプだと思いますが、印象が変えられそうですよね」と商品を見せると「いいじゃない」と言うお母様。後輩も「そうですよね」と相槌を打ち、双方から感想を聞くという形をとって接客をコントロールしていました。

お母様は「あなたのおかげでいいプレゼントを買えたわ」と嬉しそうに店を出ていきました。

二人連れのお客様が来店された時は、焦らず二人の会話を視界に入る場所でしっかり伺いましょう。それから、第三者として二人の会話を基に「～とおっしゃっていましたよね」と要望を整理し、提案していきます。販売員として、適切だと思うアドバイスであれば自信を持って伝えれば大丈夫。おどおどせず、しっかりと意見を伝えましょう。

二人以上で話し込まれてしまうと、
間に入れず接客が成り立ちません。

Point 1

お客様の視界に入る位置
（横・斜め前）で話を聞く

Point 2

ファーストアプローチの時は
横でメンテナンスをしながら
タイミングをうかがう

Point 3

お客様同士が疑問形で話している時に、
会話に入るようにする

Memo

積極的に会話に加わり、時には同伴者を味方につけると接客しやすくなります。

Question

15

お客様を褒めようとすると、
わざとらしくなってしまうことがあります。

Answer

褒め言葉ではなく、見たままの事実を伝えましょう。

お客様の信頼感を高め距離を縮める上で、褒めることは基本です。心からの褒め言葉ならどなたも好意的に受け止めてくれますし、素敵な部分を見つけたら積極的に伝えたいものです。

しかし、「褒めなきゃ」と思うあまりに、なんだかわざとらしくなってしまうという悩みもつきものです。

私はもともと褒めるのが苦手で、皆が褒め合っている中、自分だけうまく褒め言葉を口にすることができませんでした。「そのバッグかわいいね」「似合うね、そのワンピース」という言葉が飛び交う中、後から「靴、かわいいね」と言うのは、いかにも皆に合わせているように感じたのです。そうして、ますます褒めることを苦手だと思うようになりました。

しかし、販売員という仕事に就《つ》いたらそんなことは言っていられません。

ある日、大振りのピアスをつけたお客様が来店されました。商品のニットを手に取ったので「かわいいニットですよね」と声をかけました。しかし「はあ」と消極的な返事。私はお客様との距離を縮めなければならないと思い「ピアスかわいいですね。そちらのニットにも合うと思います」と続けると、お客様はさらに苦い顔になってしまいました。

せっかく褒めたのに、お客様は全然嬉しそうではありません。何がいけなかったのでしょうか。


お客様が苦い顔になってしまったのは、私が義務で褒めていると感じてしまったからです。それは、私の褒め言葉のタイミングと言い方に問題がありました。

私はお客様の反応が薄かったので、「褒める」という手段をとりました。小さな沈黙や気まずい空気を埋めるような唐突なタイミングだったので、お客様も話を繋げるために私が仕方なく褒めたのだ、と受け取ってしまったのです。

また、褒め言葉の後にすぐ接客トークに繋げてしまいました。「そちらのニットにも合うと思います」という言葉は「褒めたい」というよりも「売りたい」という印象の方が強くなります。

このような褒め方では、お客様のために褒めたのではなく、自分の接客をスムーズに進めていくために「褒める」という手段をとった、と捉えられても仕方ありません。


褒めるのが苦手な私たちは、どのようにすれば好意的に受け取ってもらえるようになるのでしょうか。

やや抽象的な話になりますが、褒める時は見返りを求めないことが大切です。お客様を褒める時に、沈黙を埋めたい、などの意図があると不自然な褒め方になり、それが伝わってしまうものです。

会話のきっかけを摑みたい時は褒め言葉ではなく、見たままの事実を伝えるようにしましょう。先程の例なら「大きなピアスですね」などと、感想ではなく事実を伝えるようにします。

また、その後すぐ接客トークに結びつけるのではなく「私も似たものを持っているのですが、何と合わせていますか？」などと、お声がけした内容と関連のあることを言います。そうすることで自分が関心を持っていると伝えることができ、わざとらしさがなくなります。

これをきっかけに思いもよらない雑談になってしまうこともありますが、急に話を切り替えると気まずい空気が流れてしまいます。一つ二つ、お声がけしたことに関連した話題を振り、その中からニーズを把握していくといいでしょう。

どのように言葉を返せばよかったのかは、自分の接客を振り返ることでヒントが得られます。例えば「大きなピアスですね」の後にお客様がどのように返事をしてくれたのかを思い出してみましょう。

あの時は咄嗟《とっさ》に言葉にできなかったけれど、次は「シンプルな服を着ている時に映えそうですよね」と言ってみよう、など次回のやりとりのためのストックを作っておくと言葉が出やすくなります。


先日、私がサングラスを買いに行った時のことです。スタッフに「鮮やかな色のピアスですね」と声をかけられました。「私はつい地味な色が増えるのですが、そういう色も素敵ですね。他にはどんなピアスをお持ちなんですか？」などと、こちらに興味を持ってくれている印象を受けたので、私は嬉しくなってついついしゃべりすぎてしまいました。

しばらくすると、そのスタッフはサングラスのフレームの色を決める時に「ゴールド系のピアスも多い、とのことでしたのでこちらのブラウン系が馴染みます」と紹介してくれました。

「鮮やかな色のピアスですね」という声かけから自然に会話が運び、私の知らないうちにニーズを把握してくれていたのです。一所懸命褒めようと、ギクシャクしながら話すよりも、とても自然で感じの良い会話をすることができました。

お客様との距離を縮めようとして、無理に褒めようとしていませんか？　商品提案ができるように会話を繋げたい、と無理に褒めると、お客様がしらけてしまうこともあるでしょう。

褒めるのではなく、目に映ったことをそのまま伝えるようにすると、自然な会話のきっかけとしてお客様に受け入れてもらいやすくなります。

?

お客様を褒めようとすると、
わざとらしくなってしまうことがあります。

Point 1

見たままの事実を伝える
（×かわいいですね　○大きいですね）

Point 2

「どこでお求めになったのですか？」
などと話を続け、関心があることを示す

Point 3

会話からニーズや好みを引き出し、
自然な流れで提案トークに結びつける

Memo

お客様に関心があることを伝え、距離を縮めましょう。

Question

16

お客様のサインに気がついているものの、
それにどう対応すればいいかわかりません。

Answer

共感ワードを使って、お客様の本音を引き出しましょう。

接客をする上で、お客様を観察することは欠かせません。仕草や視線などからお客様の考えていることが垣間見えるからです。

しかし、お客様が出しているサインに気がついたとしても、それにどう対応すればいいかわからないこともあるでしょう。確認しにくいことならなおさら躊躇《ちゅうちょ》してしまうかもしれません。

私のいた店で、お客様が試着室から出てきた時のことです。試着していたのは、ゆったりして見えるのに、着ると意外とタイトな印象になるワンピースでした。お客様もそれがわかったのか、試着室から出て鏡を見つめながらずっと無言です。しきりに着ているワンピースのお腹周りをひっぱっては離していることから「お腹が出ているのが気になっているのかな」と気付きました。しかし「お腹が出ているのが気になりますか？」と聞くわけにもいきません。

どうしたらいいかわからなかった私は、お客様に「思ったよりタイトなので、きちんと感が出ますよね」と言いましたが、お客様は相変わらずワンピースをつまみながら鏡を見るばかりでした。

お客様が何か気にしているのはわかるけれど、それにどう対応すればいいのかわからない時、どのような会話をすればよいでしょうか。

まず、私たちが覚えておきたいのは、**こちらが商品の説明をしている時に、お客様が話を聞いていないという場合は、お客様の興味が別にあるということ**です。

例えば、ノートパソコンの機能について話しているのに本体を開け閉めしたり、眺め回したりしているのはデザインが気になっているからです。この場合は、デザインが他にはない珍しいものであることを強調したり、傷がつきにくいので美しいデザインが保たれることを話したりするといいでしょう。

「今あるインテリアにマッチするデザインです」とソファについて説明している時にお客様が座面を押していたら「感触が気になる」ということです。このような場合は「デザインもいいけれど、座り心地も抜群なんです」とすぐ話題を切り替えましょう。

お客様が気になっているタイミングで気になっていることを話した方が、お客様は自分ごととして興味を持って聞いてくれます。

このようにポジティブな話題ならいいのですが、先程の例では体形に関わることだったために、話題をうまく切り替えることができませんでした。デメリットを気にしている時は、どのように声をかければよいでしょうか。
ポイントは「共感する」ということです。先程の例なら「着てみるとシルエットにギャップがありますよね」など、皆がそう思っているというような一般化した表現にすると柔らかい印象になります。時計の文字盤が老眼で見えないと言われた時は「小さい文字は見えにくいですよね」ではなく「控えめなデザインなので、一見わかりにくいですよね」というように。試しにかけたメガネが自分には似合わないと言われた時は「意外と個性的なデザインなんですよね」などと言い換えます。

服や靴など、何かを身につけている時に、お客様がじっと鏡を見ていたら「理由はわからないけれど、直感で似合わないような気がする」と感じているということです。そんな時は「私はお似合いになると思ったのですが、ご自身では違和感がありますか？」と聞いてみましょう。じっくり見る、という行為は「何か変だけど、諦められない」という気持ちの表れでもあります。

いきなり違うものをすすめるのではなく、色違いやサイズ違い、組み合わせるものを変えてみるなど、しっくりくるまで試してもらうと喜んでいただけるでしょう。

カバン売り場の接客を見かけた時のことです。棚上に置かれている商品を取ってほしい、とお客様から言われた販売員は「見た目がころんとしていて、かわいいですよね」とデザインについて説明を始めました。しかし、お客様は販売員の言葉に軽く頷きながらも、カバンの蓋を開けています。そして、中を見ながら一瞬、不安そうな顔をしました。

販売員がすかさず「いかにもものが入らなそうですよね」と共感すると、お客様も深く頷きました。おそらく販売員は、デザインは素敵だけど持ち物が入るか心配、と思われたことを感じ取ったのでしょう。

その後、話題は中をどう使えばいいのかに切り替わりました。持ち歩きたいものがちゃんと入るかを気にしているお客様のために、試しにものを入れながら、横にするより縦にする方が入れやすい、などとアドバイスを始めました。

最初は聞いているのか聞いていないのかよくわからなかったお客様ですが、販売員が話を切り替えてからは真剣に話を聞くようになりました。

そして、「ちゃんとものが入るか」という不安が解消され、お客様は嬉しそうに商品を購入していきました。

このように、お客様が気にしていることはポジティブなことか、ネガティブなことかに関係なく、共感することで話を切り替えていきましょう。

特にネガティブなことはごまかすよりも共感する方が、信頼感を高めることができます。その後、解決策を提示することで頼りにしてもらえるようになるのです。

お客様が興味を示したタイミングで、気にしていることを掘り下げて話をすると、要点が明確になり購入に踏み切りやすくなります。長く話し込むのではなく、お客様が知りたいことをピンポイントで伝えると、お客様に気が利く印象を与えられるでしょう。

?

お客様のサインに気がついているものの、それにどう対応すればいいかわかりません。

Point 1

お客様の興味に合わせて説明を切り替え、共感を示す

Point 2

言いにくいことを確認する時は、一般化した表現にする

Point 3

気になっていることをお客様自身がうまく言葉にできない時は代弁する

Memo

気がついたことは共感ワードを使って、お客様にこまめに確認しましょう。

Question
17

私が話すと、お客様に聞き返されたり、ポカンとされたりします。

Answer

「～なので」を連発していませんか？「。」で短く区切りましょう。

本書をお買い上げいただき、誠にありがとうございました。
質問にお答えいただけたら幸いです。

◎ご購入いただいた本のタイトルをご記入ください。

『　　　　　　　　　　　　　　　　　　　　　　　　』

★著者へのメッセージ、または本書のご感想をお書きください。

●本書をお求めになった動機は？
①著者が好きだから　②タイトルにひかれて　③テーマにひかれて
④カバーにひかれて　⑤帯のコピーにひかれて　⑥新聞で見て
⑦インターネットで知って　⑧売れてるから／話題だから
⑨役に立ちそうだから

生年月日	西暦　　年　　月　　日（　　歳）男・女		
ご職業	①学生	②教員・研究職	③公務員　④農林漁業
	⑤専門・技術職	⑥自由業	⑦自営業　⑧会社役員
	⑨会社員	⑩専業主夫・主婦	⑪パート・アルバイト
	⑫無職	⑬その他（　　　　）	

このハガキは差出有効期間を過ぎても料金受取人払でお送りいただけます。

ご記入いただきました個人情報については、許可なく他の目的で使用することはありません。ご協力ありがとうございました。

郵 便 は が き

料金受取人払郵便

代々木局承認

6948

差出有効期間
2020年11月9日
まで

1 5 1 8 7 9 0

203

東京都渋谷区千駄ヶ谷 4 - 9 - 7

(株) 幻 冬 舎

書籍編集部宛

1518790203

ご住所　〒

都・道
府・県

お名前　フリガナ

メール

インターネットでも回答を受け付けております
http://www.gentosha.co.jp/e/

裏面のご感想を広告等、書籍の PR に使わせていただく場合がございます。

幻冬舎より、著者に関する新しいお知らせ・小社および関連会社、広告主からのご案内を送付することがあります。不要の場合は右の欄にレ印をご記入ください。

不要 □

お客様がうんうん、と頷いてくれるとつい熱心に語ってしまうものです。しかし、一所懸命に話をした後でお客様に質問すると「え？」とポカンとされてしまったり「もう一度言ってください」と言われてしまったりすることがあります。なんだ、聞いていなかったのか、とがっかりしてしまいますが、話し方を工夫すると一気に解決できます。

私がようやくアパレルショップでの接客に慣れてきた頃のことです。お客様がコートを手に取ったので、話しかけました。

「こちらのダウンコートはすごく暖かいんですけど、とても軽いので……丈も短めなのでバランスも取りやすいですし、合わせやすいので……」

お客様は商品に興味を持っていたようで、商品と話している私を交互に見つつ、うんうん、と頷きながら聞いてくれました。私はしっかり聞いてくれるお客様の様子を見て、ますます頑張って話さないと、と思い話を続けました。

「ダウンコートは身体がいかつく見えてしまうものが多いんですけど、こちらは女性でもお召しになりやすいデザインですっきりして見えるんですけど」

ここまで話して、私は「お客様はダウンコートをお持ちですか？」と質問しました。

すると、お客様はポカンとした顔でこちらを見ます。まるで「今、私に質問した？」と言わんばかりの顔に私は拍子抜けしてしまいました。聞いてくれていると思ったお客様はどうやら、目の前の商品を見ることに夢中で、それでも気を使って相槌だけは打ってくれていたようです。

お客様はそれを少し気まずく思ったのか、沈黙を埋めるように試着を希望してきました。あんなに聞いてくれているように見えたのに、何も伝わっていなかったのかな、と思い私はがっかりしてしまいました。

お客様になんとかして伝えなきゃ、話を引き出すためにこちらからも話さなきゃ、と思うとついつい語りにも熱が入ります。お客様の反応が良ければなおさら力が入るでしょう。

しかし、お客様に話の内容が届いていないことがあります。その原因は「話し方」にありました。だらだらと「～ので」「～から」を連発しながら切れ目なく話をしてしまったためです。

人は話を聞く時、一つのことしか頭に入らないと言います。例えば、お使いを頼まれた時に「卵がないので……牛乳もないから……あと、小麦粉も……」と続けられると、何を買えばいいのか混乱してしまいます。**相手に伝えたいことがあるなら句点「。」をこまめに入れて、短く会話を区切るように意識するとよいでしょう。**

私がタブレット端末を買いに行った時のことです。店頭の比較表を見てもよくわからない私に、スタッフの方はとてもわかりやすく説明してくれました。

スタッフ「こちらはとても軽いです。お仕事でパソコンを持ち運ぶことは多いですか？」

私「はい、外出の時はほとんど」

スタッフ「でしたら、今お使いのパソコンの代わりに、もっと手軽に持ち運べるこのタブレットがおすすめです。これにはパソコンと同じ機能があります。外出先で機能が足りず困ることはありません」

このように短い文で、簡潔に説明してくれました。もし以前の私が説明したとしたら、

「こちらはとても軽いんですけど、パソコンと同じ機能があるので、今持っているものと替えても同じくらい使い回せるから、とても便利だと思いますけど……」

となっていたでしょう。「ので」「から」「けど」が多く、内容が伝わりにくくなっています。

「。」を増やすだけで、伝えたいことがはっきりします。お客様がわかりにくいと言えないまま、相槌だけ打ってしまう、ということもなくなりそうです。

では、会話の中で「。」をどうやって意識していけばよいでしょうか。**ポイントはゆっくり話すこと、そして、深く呼吸をすることです。**

私たちは早口で話す時ほど「ので」「から」「けど」が口癖となって出てくる傾向があります。まず、ゆっくり話すことから始めましょう。

自分がどれだけ早口になってしまっているのかは、スマートフォンなどを使って録音してみるとよくわかります。研修の時、録音しながら会話をしたり、商品提案トークをしてもらったりすると、どの方も自分が早口であることにびっくりします。

また、思いの外《ほか》こもった声だったり、声が小さかったり、口癖が多かったりと、自分の話し方についての発見があるようです。自分の話し方は自分では把握しにくいものなのです。

深く呼吸をするのは、話に区切りをつけやすくするためです。録音したものを聞きながら自分が「ので」「から」「けど」と続けてしまっているところを見つけましょう。そして、その部分を深呼吸に置き換えてみます。

ゆっくり話していると深く呼吸をしなければ苦しくなってきます。息を吸うことを意識すると、話し方が自然とゆっくりになり、区切りをつけられるようになるでしょう。まずは落ち着いて、ゆっくり話すことを意識すれば「ので」「から」「けど」を減らせるようになります。


お客様に伝えたいことが伝わっていない、と感じた時は話し方を見直してみましょう。ゆっくり、呼吸を意識して「。」を増やすイメージです。一文が短くなることで、お客様に伝わりやすくなるでしょう。

？

私が話すと、お客様に聞き返されたり、
ポカンとされたりします。

Point 1

「～ので」「～から」「～けど」を連発せず、簡潔に話す

Point 2

自分がどのくらいのスピードで話しているのかを把握する

Memo

短い時間でもお客様に「伝わる」話し方を工夫しましょう。

column

目上の方には「上品・洗練・素敵」です！

お客様の持ち物などを褒めるとお互いの距離を縮めやすくなります。先日そのことを研修で話した時、受講生から「目上の女性に『かわいい』と言うのははばかられる」という悩みを伺いました。

たしかに「かわいい」と言えば上から目線気味になりますし「若々しい」と言えば「年寄り扱いしないで」と反感を買ってしまいそうです。

そんな時に使えるキーワードは「上品」「洗練」「素敵」です。例えば、いつもは「スカート、かわいいですね」と言ってしまうところを「スカート、素敵ですね」や、「上品な柄がお似合いですね」「洗練されたデザインですね」などに変えます。

また、咄嗟に言葉が出てこない場合は「語彙《ごい》が少なくお恥ずかしいのですが」「稚拙な表現で恐縮ですが」と付け足して言うと、お客様に精一杯気持ちを伝えようとしていることが伝わります。

表現豊かに伝えられると販売員としての格も上がるのはたしかですが、いい表現をしようと必死になっている間に褒めるタイミングを逃してしまうのはもったいないことです。相手に自分の気持ちが伝わればいいのですから、実感を込めて思いを言葉にしてみましょう。

STEP 3

お客様の「欲しい！」をくすぐる

▸▸▸ 商品提案

Question

18

お客様の要望が多すぎて、
ぴったりの商品を
なかなか提案できません。

Answer

お客様が
一番優先したいことを
整理しましょう。

ニーズ把握は大切。とはいえ、お客様からの要望が多すぎて、応えられないこともあるでしょう。「これはいいけど、あれがダメ」と、商品を持ってきては突き返されるうちに、途方に暮れてしまうこともあります。こんな時は、どうすればいいのでしょうか。

バッグを探しているお客様の接客をした時のことです。手に取ったバッグが大きかったので「たっぷり入りそうですよね」と声をかけました。お客様は「そうですね」と言いながら、何やら考え込んでいる様子です。「気にかかることがありますか?」と伺ったところ「これじゃ、バッグが閉じられないでしょ」と言いました。「それでしたら、上にファスナーがついているものもございます」と同じくらいの大きさのバッグを持ってくると「でも、ポケットがないから不便だわ」とのこと。その後も「色がちょっと」「ショルダーベルトが細くて肩が痛くなっちゃうわ」「(デザインが)あんまり好きじゃない」など要望はどんどん増えました。私は「もうすすめられるものがない」と思い、お客様も「たくさん紹介してくれたのにごめんなさいね」と申し訳なさそうに店を出ていきました。

お客様のニーズを聞いたのに、要望に応えられなかった。誰しも経験のあることです。細かいニーズがお客様にあるのは当然ですが、かといってすべてを満たすのは既製品ではなかなか難しいこともあります。そんな時は**お客様がはじめに口にしたことをもう一度確認してみましょう**。なぜならそれが、一番のニーズである可能性があるからです。

私がオーブンレンジを買いに行った時のことです。台所が狭かったので、なるべくコンパクトなものを探しました。売り場には様々な機能がついたものが各社から出されていて、何を買うか迷っていました。そこに、販売員の方が話しかけてくれたのです。

なるべく小さいものを、と要望を出すと、いくつかおすすめを紹介してくれました。しかし話を聞くうちに「冷めたコロッケをさっくり温められるのはいいな」「レンジで自動調理できるのは楽だ」といろいろな機能が欲しくなってしまったのです。

機能が増えるとサイズは大きくなってしまいます。どれを選ぶか悩んでいた私に、販売員の方は「一番気にされていたのは、台所に合わせたサイズですよね」と確認してくれました。

そして「お惣菜を買ってくることは多いですか？」「普段から料理されますか？」

といった質問から「お惣菜を温めて食べる頻度はそんなに高くない」「自動調理機能を使うこともそんなになさそう」と気付きました。いろいろな機能を紹介されるうちに、あれもこれも、と思ってしまったのですが、最終的に自分が最初に望んでいたことに行き着いたのです。

メリットを説明するうちに、あの機能もこの機能も欲しい、でも、コンパクトなものを、などお客様の要望がどんどん膨らんでいきます。家を買う時に要望がどんどん膨らんでいくものの、最終的には予算に合わせてニーズを取捨選択していく過程と似ています。

もし、お客様があれもこれも、と欲張りになってしまっていたら、一番に優先したいことは何なのかを聞いてみましょう。

また、**出てきた要望についてなぜそのような要望をお持ちなのかを掘り下げると、優先順位をつけやすくなります**。

例えば、先程のバッグなら「どのようなものを持ち運びますか？」「上を閉じられるものでないと困るのはなぜですか？」と突っ込んで伺います。以前このように伺っていたところ「パソコンを持ち運ばなければならず、網棚の上にのせた時、上が閉まらないと危ない」といった理由を聞き出すことができました。

理由が明確になり、一番優先したいのは「上が閉じること」だと気付いたお客様は、自ら「ポケットはなくても大丈夫」と言い、納得して商品を購入されていきました。

こちらの質問に早く、しかも明確に答えが出てくる時は、お客様がそのことを優先すべきと思っている傾向が強いようです。いろいろな要望が出てくる時は、このように聞き返すことでお客様が見失っている「外せないポイント」を見つけ出すことができるでしょう。

お互いの頭がすっきり整理されて、商品を選びやすくなります。

?

お客様の要望が多すぎて、
ぴったりの商品をなかなか提案できません。

Point
1

お客様が最初に言ったことや
繰り返し言っていることを把握しておく

Point
2

なぜその要望を
持っているのかを掘り下げる

Point
3

要望の中で優先順位をつける

Memo

お客様の要望を整理すると、無駄のない提案ができます。

Question
19

さっきまで反応が良かったのに「ちょっと考えます」と断られてしまいます。

Answer

反応が良かっただけで、
心の中では引っかかることが
あったのかも。
こまめに確認してみましょう。

さっきまでこちらの話をノリノリで聞いていたのに、いざレジへ、という時になって「ちょっと考えます」と振られてしまうという経験は誰しもあるものです。

接客中のお客様の良い反応に、これは絶対買ってくれるだろう、ひょっとしたらリピーターになってくれるかもという期待さえ膨らんだのに。このように裏切られたような気持ちになるのは、私たち販売員が、お客様が抱えている悩みに気付かないからです。

バッグなどを扱う店にいた時のことです。お客様がファーのバッグを手に取ったところで話しかけました。お客様は気まずそうに会釈をしましたが、商品を戻さなかったので接客を続けることにしました。

「肌触りがいいですよね」と言えば触ってくれて、「お鏡で合わせてみてください」と言えば、鏡の前に進んでくれます。

ここで話をやめたら、きっと帰ってしまう。帰る隙を与えずメリットを説明して畳みかければ、この商品を気に入ってくれるはず。現に、ずっと話を聞いてくれているじゃないか。そう思って話をしていましたが、ついにネタが尽きてしまいました。なんとなくお互いが無言になったところで、お客様は言いました。

「ちょっと考えます。たくさん話してくれたのにすみません」

え？　買うんじゃなかったの？　私は商品を抱えたまま、呆然とするしかありませんでした。

このように、自分の話を聞いてもらったり、接客に時間をかけたりすると、私たち販売員はつい「買ってくれるかも」と期待をしてしまいます。しかし、お客様がこちらの話を遮れず、途中で「いらない」と言い出しにくくなっている場合もあります。売り込みに一所懸命になってしまい、周りが見えなくなってしまう時こそ、そのようなお客様の気持ちに敏感になるようにしたいものです。

口に出さないだけで、心の中ではいろいろなことを考えているとしたら、私たちはどうやってそれを引き出していけばいいのでしょうか。

ある時、先日接客したお客様が再び来店しました。私が「あのお客様はどうせ買わないだろう」と思っていたところに、先輩が話しかけました。お客様が見ていたのは先日のファーのバッグではなく、革のバッグです。

横でお客様と先輩の会話を聞いていた時、耳に入ってきたのは私にとって意外な言葉でした。

「前から、仕事用のバッグを探しているんです。先日、かわいくてついファーのバッグを手に取ってしまったんですが、これは仕事には向かないですよね」

お客様は一方的に畳みかけるような私の説明を聞いている間、ずっとそんなことを考えていたのです。

一方で、私は休日に着る服に合うという話や、仕事には邪魔になりそうなチャームについての説明を繰り返していました。お客様の要望とはかけ離れた商品トークをしてしまっていたのです。

接客が終わった先輩に話しかけると、どのようにお客様から仕事で使うということを引き出したのかを教えてくれました。先輩は「革のバッグって、オンでもオフでも使えるでしょ。だから、もしかしてと思って確認したんだよね」と言います。

「ファーのバッグは大きさはいいけど、やっぱりデザインがダメだと思ったんじゃない？　途中で言い出せなかったのかもね」という言葉に思い当たる節がありました。

なぜなら先日の接客では、私が一方的に話してしまっていたからです。

商品に対する固定概念をもう一度見直して、お客様に丁寧に確認していくことで、会計の直前で振られるという事態を防げる。それを深く実感した出来事でした。

このように商品や人に対する先入観はそこかしこに存在しています。

例えば掃除機を探している夫婦の接客をする時、奥様に向けて提案しがちですが、ご主人と家事を分担しているかもしれません。「お掃除はどちらがすることが多いですか？　背の高いご主人様でしたら、大きくかがまなくても下の方を掃除しやすいものがあります」と、確認してから提案の仕方を変えます。

ゲーム機器をプレゼントしたい、という場合も、相手は子供ではなく大人かもしれません。「プレゼントされるのはどのような方ですか？　大人の方でしたら、電車の中で使える携帯型ゲームも喜ばれます」。子供になら、子供たちの間で人気のソフトで遊べることを強調するといいでしょう。

こちらから見て当たり前のことでも、逐一確認するとお客様とのズレが生まれにくくなります。

反応が良いお客様なら買ってくれると思うのも、また先入観。お客様が考えていることをこまめに確認する癖をつけて、抱えている悩みをその都度解決しながら接客すればお互いのズレがなくなるでしょう。

?

さっきまで反応が良かったのに「ちょっと考えます」と断られてしまいます。

Point 1

お客様のニーズを先入観で決めつけないようにする

Point 2

一方的に話すのではなく、お客様が手に取った理由を確認する

Point 3

細かいことも口に出して確認し、お互いのズレを防ぐ

Memo

お客様の表面的な反応に左右されず、本音を聞き出しましょう。

Question

20

商品説明をしているうちに
ネタ切れになってしまいます。

Answer

メリットを並べ立てるのではなく、
一つのことについて
詳しく話せるようにしましょう。

近年ではますますお客様のニーズに応えた、高機能の商品が増えてきました。しかし、語るべきいいところがたくさんあるにもかかわらず、接客中の沈黙が多くて怖い、という販売員が増えているように思います。

お客様に一所懸命商品のいいところを語っても「ふーん」とつれない返事にがっかりしてしまうこともあるでしょう。このような時は「広く浅く」ではなく「狭く深く」を意識しながら会話をするといいでしょう。


布団を探しているお客様の接客をしていた時のことです。フランス産の羽毛を使った布団は軽くて暖かく、しかも値段も他社に比べてお手頃でした。こんなにいいところばかりの商品ならお客様は喜んでくれる、と私は目の前のお客様に「こちらは軽いので寝やすいです」「暖かいので冬におすすめです」とメリットを並べ立てました。

しかし、お客様は退屈そうです。私の話など耳に入らないといった様子で別の布団についている説明を読み始めました。私はますます、話を聞いてもらわないと、と焦り、最後の切り札とばかりに「しかもこの布団は安いのでお得です」と強調しました。でもお客様は「へえ」と言ったきりです。私も話すことがなくなり、長い沈黙が訪れました。お客様も気まずい空気を感じ取ったのか、店から出ていきました。

良さが伝わらないならもっと話そう、と思って商品のメリットをひねり出してもお客様は薄い反応。最後にはお客様に何を話していいかわからなくなって、沈黙。こんな経験は誰しもあるものです。

原因はお客様に対しての説明が浅かったことです。例えば「軽くて寝やすい」というのは他社製品でもよく耳にするメリットです。すでに知っている話なら興味が持てなくて当然です。

お客様に「この店や販売員から買うべき理由」や「この商品を買うとどのように得をするか」を説明できないと、接客する意味はあまりないと言えます。

後日、布団の売り上げを上げるため、本部から商品提案のスペシャリストがやってきて指導してもらえる機会がありました。そのスペシャリストは「軽くて良い」「暖かくて良い」と思うのはどんな時？　と私の考えを引き出しながら、商品提案の仕方を教えてくれました。その後、前述のお客様が同じ布団を再び手に取っていたので声をかけました。「暖かいので、毛布を重ねなくても大丈夫です」と言うと、お客様が「そうなの？」と反応しました。私が続けて「寝ている間って、毛布がずれて、朝には布団だけになって寒い思いをすることがありますよね」と言うと、お客様は「あなたもある？」とノリノリで応じてきました。
私が先日教えてもらった通り、「暖かい」というメリットを、体験を交えて掘り下げると、お客様が興味を持ったのです。スペシャリストのおかげで「一枚でも暖かくてよかった」理由を考えられた成果でした。その後、私だけが一方的に話すのではなく、お客様からも言葉が返ってきて話が途切れることなく購入が決まり、お会計へ、という流れになりました。

体験を交えて掘り下げるとは、次のように話すということです。

⁂ポケットがついたバッグ
↓定期入れを入れやすいので、改札前でゴソゴソ探さずに済みます
⁂しわになりにくいスカート
↓しわがつきにくいので、デスクワークや映画館などで長く座る時もお尻を気にせずに済みます
⁂すぐに乾くバスマット

↓家族の中で最後にお風呂に入っても、上がった時にべちょべちょせず、足の裏がからっとして気持ちよく使えます

このように**お客様も体験しているであろうことを推測すると、自分のこととして受け取って話を聞いてもらいやすくなります。**お客様のライフスタイルに合わせて話し、興味を引くようにしましょう。

そのためにはお客様がどのようなニーズを持っているのか、常にアンテナを張っておきましょう。日頃から客層を観察し、朝起きてから夜寝るまで、どのような生活を送っているのか、想像してみるのです。私たち自身もお客様に興味を持つことが欠かせません。

お客様に興味を持ってもらうために、こちらもお客様に興味を持つ。小さなことから疑問を持ってみるとよいでしょう。今日は夕方に来店しているけれど、これからどこに行くのかな？　ピンクのニットを着てピンクのバッグを持っているけれど、ピンクが好きなのかな？　このような疑問を膨らませるだけで想像力がつき、商品提案のヒントに繋《つな》がります。

お客様に商品説明をする時は「軽いです」「暖かいです」などとメリットを並べ立てるのではなく、一つのメリットについて具体的に話すようにしましょう。「軽いコートなので、建物の中で脱いで腕にかけても、重さを気にせず持ち歩けます」などシーンがイメージできるように話すと、お客様の理解度が深まり質問が出やすくなります。お互いに言葉を交わすようにすることで、会話が続くようになるでしょう。

また、「便利です」「着やすいです」などの一般的な特徴を伝えるのではなく、なぜそのお客様にすすめているのかの理由を説明しましょう。自分ごととして聞いてもらうことで相手からの質問も増え、和やかな雰囲気で接客ができるようになるでしょう。

?

商品説明をしているうちにネタ切れになってしまいます。

Point 1

1回の接客で話すメリットを3つ以内にし、「狭く深く」を意識する

Point 2

一つのメリットを具体例を交えて話す

Point 3

お客様のニーズに合わせて、メリットを選んで伝える

Memo

たくさんのメリットより、買った後の具体的なイメージを伝える方が響きます。

Question

21

「お持ちでないなら、あると便利です」
と推しても、購入に繋がりません。

Answer

持っていなかった理由を
聞くことで、購入に繋がる
アドバイスができます。

お客様がどちらを買うか悩んでいる時、「こっちは持っていないんですけど……」と言われることがあります。こういう時、大抵は「お持ちでないなら、あると便利です」と答えてしまいがちです。でもお客様はそれを聞いても腑に落ちない顔。アドバイスをした側も、もっとうまくアドバイスができないかと思いながらも、言葉が出てこないものです。

そんな時は、なぜ今まで買ったことがなかったのかに注目してみるとよいでしょう。

カーテンの売り場で接客をしていた時のことです。お客様が白のカーテンとモスグリーンのカーテンのどちらにしようかと迷っていました。お客様に「迷われていますか？」と尋ねると「いつもモスグリーンのような落ち着いた色を選んでしまうんです」と困った顔をしています。

私は何か引っかかるところがあるのだろうかと思いつつも「白いカーテンは定番の色ですし、今までとは違う色なら新鮮な印象になるのでおすすめです」と答えました。しかしお客様の表情は一向に晴れません。私は何をアドバイスすればよいのかとお客様の横で戸惑いつつも、白いカーテンの説明を続けました。お客様は私のアドバイスを聞いているのか、聞いていないのか、最後まで無言で悩み続け「もう一度考えてきます」と売り場を立ち去ってしまいました。

どちらを買うかで迷っているお客様がいる時、私たちは少しでも役に立ちたいと思うものです。しかし「持っていないならそちらにした方がいい」という思い込みから、お客様へのアドバイスがありきたりになる傾向があります。

先程の例ではどうすればよかったのでしょうか。お客様はいつもモスグリーンを選んでしまうから、たまには違う色にしようか、と思っていたところでした。私のいつもと違う色にすればいいというアドバイスも、言われる前からお客様自身がわかっていたことなのです。しかし、なおも迷ってしまったのは「白のカーテンを選べない理由」があったからではないでしょうか。

先日と同じお客様がまた、カーテンを選びに来店されました。白いカーテンを購入すると言います。私は「やっぱりちょっと新鮮な感じがいいですよね」と応じましたが、お客様の答えは意外なものでした。「孫が遊びに来るから、白いカーテンってすぐ汚されちゃうかもって思っていたの。でも、ネットで調べてみたらこのカーテンは汚れがつきにくいコーティングがしてあるっていうでしょ。だから、思い切って白にしようと思って」

私はお客様がなぜ迷っていたのかをその時に初めて知り、それに気付いていたらちゃんと掘り下げて説明したのに、と思いました。

このように、お客様が「こちらはもう持っているんです」と言う時は、「ではそちら（もう一方）を持っていなかったのはなぜですか？」と質問してみましょう。先程のお客様のように「汚れると思ったから」とか「使いにくそうと思っていたから」とか「なくてもなんとかなるから」など、**気になっている点を引き出して解決できれば、引っかかっていた部分がすっきりして購入に踏み切りやすくなります。**

お客様は購入する際、「こっちもいいけどあっちもいい」といいところを比べて迷う場合もあれば、「こっちはこれがダメだけど、あっちはあれがダメだし」と悪い点を比較することもあります。

例えば同じ柄のワンピースとスカートで悩んでいるお客様。「いつもワンピースになってしまって」と言うようなら「スカートは着こなすのが難しいですか？」と聞いてみましょう。「そうですね。ワンピースの方が組み合わせを考えなくていいから楽なような気がして」という返事なら「○○と合わせる、と覚えてください」と組み合わせの法則を伝えると喜ばれます。

万年筆とボールペンで悩んでいたら、今まで万年筆を使わなかった理由を聞いてみましょう。「使う機会がない」「手入れが面倒」などと聞き出したら、それぞれに応じた解決策を伝えます。

理由は人それぞれですので、このような場面でははっきり聞く方が、ニーズに合った提案ができます。

悩んでいることを解決しないまま「お持ちでないなら、あると便利です」と伝えても、納得させることは難しいものです。お客様にはすっきりとした気持ちで購入していただきましょう。

?

「お持ちでないなら、あると便利です」と推しても、購入に繋がりません。

Point 1

持っていない理由を聞き出す

Point 2

お客様から聞き出した悩みについて解決策を提案する

Point 3

悩みがすっきり解決したら、さらにメリットを伝える

Memo

悩んでいるお客様にこそ、販売員ならではの適切なアドバイスが必要です。

Question
22

お店の商品やサービスを好きになれず、共感の言葉が嘘っぽくなってしまいます。

Answer

「かわいいですよね」と
合わせるのではなく
「真っ白ですよね」などと
特徴を伝えるようにしましょう。

自店の商品やサービスが大好きで仕方がないなら、それはとても幸せなことです。しかし、ブランドの方針変更などでテイストが変わったり、流行を先取りしすぎて奇抜だったり、商品の中でも好き嫌いが分かれる場合もあるでしょう。自分で良さがわからないのに、お客様に商品提案なんてできない！　と悩んでしまった時には、諦めるしかないのでしょうか。

私が入社したアパレルブランドは、レースやフリルをふんだんに使った女性らしいデザインの商品が豊富でした。服に関わる仕事ができればいい！　と販売員の世界に飛び込んだ当時の私は、今思えば大変に失礼なことなのですが、馴染みのないテイストの服を前に、最初はどのような点をお客様にすすめればいいかがわかりませんでした。

お客様が商品を手に取っていても「かわいいですよね」としか、言うことができません。自店の商品が好きな先輩たちは「このレースの部分がたまらないですよね」などと、自分が気に入っている部分を熱く語っています。私は「商品が好きじゃないとダメなのかな」と戸惑ってしまいました。

商品の良さがわからないと思った時、私たちはどうすればよいのでしょう。そのような時は**「自分にとって良い」と思うところを見つけるのではなく、「お客様にとって良い」と感じるところを探す、という視点に切り替えます。**

たしかに、自分の好きな商品ならどこがどのように好きか、思い入れを語ると良さは伝わるかもしれません。しかし、魅力を感じないものを好きになろうとしても、すぐには難しいでしょう。もちろん使っているうちに好きになるという可能性もありますが、扱っている商品が高額ですぐに自分では買えないという場合もあります。

先程の私自身の例では無理やり「好きになろう」とした結果、考えても魅力が思い浮かばず、かえって提案につまずいてしまいました。そんな時は「好きなところ」を探すのではなく「商品の特徴」を見つけると提案しやすくなります。

私たち販売員は自分にぴったりの商品を探しているわけではなく、あくまで「お客様にぴったり」だったり「お客様が満足する」商品を提案する役割があります。ですから、**その商品を好きになろうとするよりも、お客様の立場で良さを考えられるようになることが重要**だ、と割り切ってしまうのはいかがでしょうか。

ある北欧インテリアのショップにいるスタッフは、インテリアに対するこだわりが強すぎて「もっと違う素材で作ればいいのに」「パーツ選びが甘い」などあら探しをする癖がついてしまったと言います。

そのせいで、最初はお客様に「素敵ですよね」と言うことに罪悪感があり、説得力のある話ができなかったそうです。

しかしあるお客様から「床に合わせて、こちらのような真っ白の椅子を探していたの」と言われた時、自分が気付いていなかったところにお客様が魅力を感じているということに思い至りました。

そこで、商品の特徴を挙げて、それをお客様に説明しようと思いつきました。

例えば椅子なら、好きなところ、ではなく「シンプル・白い・背もたれが高い」などと、特徴を挙げてみます。すると、たいして伝えるべきことがないと思った商品にも提案ポイントがあることがわかりました。

今までお客様に「素敵ですよね」「かわいいですよね」としか言うことができなかった商品について、「背もたれが高いのでゆったり座れます」などと話すことができるようになったのです。

お客様にも「なるほど」と言われることが多くなった彼女は、自信を持って提案ができるようになりました。

このように、主観ではなく、客観的な特徴を挙げると、お客様に合わせた提案トークを行いやすくなります。例えば、

デジタル時計なら**「急いでいる時でもパッと見ただけで時間が把握できます」**。

個性的な柄の服なら**「初対面の人にもお客様のセンスが一瞬で伝わります」**。

というように、お客様にとってどのようなシーンでその商品やサービスが生かされるかを考えて特徴を伝えることが大切です。この時、あらかじめお客様のニーズを聞き出しておきましょう。

補足ですが、商品やサービスを作る側は魅力を感じてもらえると思ったから、それを生み出したのです。例えば、斬新なデザインの服などはハイブランドのコレクションを参考に流行の先取りをした場合があります。「変な服！」などと思う前に、もしかしたら、こういうデザインが流行《はや》るのかも、と雑誌やネットなどで知識を広げてお

くこともまた、商品を理解する助けになるかもしれません。

このように常にアンテナを張り巡らせ、客観的に商品を捉えられるようにしておきたいものです。

?

お店の商品やサービスを好きになれず、共感の言葉が嘘っぽくなってしまいます。

Point 1

自分の好みではなく、お客様の視点でメリットを考える

Point 2

お客様がどのようなシーンでメリットを生かせるかを説明する

Point 3

雑誌やネットの記事などに目を通し、流行を把握する

Memo

客観的に商品を捉えられるようになると、提案の幅が広がります。

Question 23

安いものの方がおすすめしやすく、高いものがなかなか売れません。

Answer

高くても欲しい！　と思ってもらえる
メリットが必ずあるはず。
安い商品との違いを探し、その違いを
お客様のニーズに合わせて説明しましょう。

近年では安くて質の良いものが増えてきました。そのため、お客様に「安くても良いものが買えるかもしれないのに、高い商品を買わせてしまうのは申し訳ない」と、すすめるのを躊躇《ちゅうちょ》してしまうことがあります。

しかし、高くてもお客様にすすめたい商品もあるはずです。お客様に押し売り感を与えずに、高い商品を選んでもらうにはどうしたらいいでしょうか。

季節の変わり目で、セール品と値引きされていない新作が売り場に混在していた時のことでした。私はお客様がセール品のニットを手に取っていたので声をかけました。新作があるのにセール品を手に取っているということは、安いものの方がいいのかなと感じました。ですから、値下げしてあるパンツやコートを組み合わせてコーディネートを提案してみました。しかし、お客様はしっくりこない顔です。

どうすればいいだろう、と考えあぐねている時、お客様が「あれもかわいいですね」と新作のパンツを指差しました。私が「あちらは安くなっていないんですけど」と恐る恐る伝えると、「別に構わないです」と言いながら商品を鏡の前で合わせ始めました。私はセール品でなくてもよかったのか、と拍子抜けした気持ちになりました。

お客様がセール品などお手頃な価格の商品を見ている時、私たちはついつい「このお客様は安いものしか買わないだろう」と思いがちです。しかし、先の例でもわかるように、たまたま安いものを見ていただけ、ということもあります。

お客様によっては多少価格が高くても、長く使える、自分に合ったものがよいと考えているケースもあるでしょう。こちらの先入観だけで買わないだろうと考えてしまうのは、とてももったいないことです。

高額な商品をおすすめできない時の一番の問題は、私たち販売員に自信がないことです。

先程の例のように「安くなっていないんですけど」と前置きしてから商品を見せると、値段を気にしていなかったお客様も「これは高いんだ」と思ってしまいます。値段の印象はこの後の商品説明によって変わりますので、あえて自分から言わない方が得策です。

また「高い」ことを前置きするのは「安いものでないと説明に自信が持てない」という気持ちの表れです。

「高い」商品には理由があります。生産地なのか製造工程なのか、珍しい素材なのか。そのことを自分が本当に良いと思っていなければ（もしくはお客様にとってのメリットとして置き換えられなければ）、この商品をすすめていいのかと迷いが生じてしまうでしょう。高いものをすすめるためにしておきたいのは**「その商品が良いと思う理由を徹底的に考えてみる」**ことです。

あるショップに同じようなデザインのパーカーが1900円・5900円の2種類ありました。値段の高い方は、某デザイナーとのコラボレーションアイテムです。そこにいた販売員は1900円のパーカーを手に取っていたお客様に「カラーバリエーションが豊富ですよね」と話しかけつつ、「そちらもいいんですが、お客様にはもっとおすすめのものがあります」と言いました。

お客様は「安い方でいいです」と言いつつ、販売員が持ってきたパーカーを半信半疑で手に取ります。

販売員は、

「私はパーカーが大好きで、どちらも持っているんです。お客様はだらしなく見えない、女性らしいスタイルがお好きと聞いたので、こちらの5900円の方がおすすめです。着てみると、少し脇のあたりが絞ってあり、スカートなどふんわりするボトムと合わせると、バランスよく見えます。私もスカートに合わせる時は断然5900円の方を着ることが多いです。反対に、どちらかというとメンズライクなスタイルが多いお客様には1900円の方をすすめることが多いです。もしよろしければ確かめてみませんか？」と試着をすすめました。

そのお客様は試着をしてみて、5900円のタイプをすすめられた理由に納得できたようでした。

お客様が高いものでも欲しい！　と思うのには理由があります。

まず一つは「これだけ○○に詳しい人が選んでくれたものなら問題ないだろう」ということ。お客様は失敗がないように、少しでもその商品に詳しい人に、自分にぴったりのものを選んでもらいたいと考えます。

○○ソムリエという職業が多いのもそのような理由です。一見同じように見えるもののわずかな違いを知っていて、それが使う（食べる）人にどのような影響があるのかを熟知しているソムリエ。私たちも商品のソムリエになった気持ちで、「高い」ということは一旦棚に上げて、お客様にどのような点をすすめたいかを考えてみましょう。

コードを引っ張るのが面倒でついつい使うのが億劫《おっくう》になってしまうという人には、

コードレスの掃除機やアイロンがおすすめです。荷物が重くなると結局使わなくなるという人には軽いバッグをおすすめするといいでしょう。

このように商品それぞれについて推したいポイントを考えておくと、高い商品をすすめる時に抵抗がなくなります。売り場が混み合っていない時間を使って、商品の特徴を３つ考えておくとよいでしょう。（Ｐ21参照）

高いものは嫌がられるという先入観を取り払うことが高単価の商品を売るコツです。

私たちにとっては高くても、様々な店と比較した結果、安いと感じるお客様もいるかもしれません。

安いものも高いものも値段に関係なく、いいところや特徴をすぐに答えられるようにしておきましょう。お客様のニーズに合わせてすすめられれば、値段以上の価値をお客様に感じてもらえるようになります。

?

安いものの方がおすすめしやすく、
高いものがなかなか売れません。

Point
1

「安いものしか売れない」と思い込まず、
価格にかかわらずすすめる

Point
2

「高いんですけど」などと
ネガティブな前置きをしない

Point
3

値段の理由や
推しポイントを迷わず言い切る

Memo

豊富な商品知識をもとに、価格以上の魅力を伝えましょう。

Question

24

お客様の質問に答えられなかったら、
どうすればいいですか？

Answer

「知識不足で申し訳ございませんが、
存じ上げません」と答えてOK。
その後に調べてお伝えする、などの
誠実な態度が信頼度を高めます。

近年では、アパレルショップで化粧品を扱ったり、雑貨屋で食品を扱ったりというように、自店の専門分野以外の商品を扱うことも増えました。スタッフにも、より幅広い知識が求められています。

スタッフはお客様よりも商品の使い方やお手入れの仕方を知っていて、いざという時に答えられないといけません。とは言うものの、最初からすべてを知っておくなんていうことは難しいものです。

もし知らないことを聞かれた時、どのように対処すればよいのでしょうか。

アパレル企業を退職し独立してから、私はライフスタイルショップでアルバイトを始めました。そこには家電や食品、化粧品など今まで扱ったことがない商品がたくさんありました。

知識がいらない商品ならアパレルと同じように接客ができるのですが、例えば家具については知識がなく、家具売り場の前を通りかかるたびに「話しかけられませんように」と祈ったものです。

しかし、ある時男性のお客様に話しかけられてしまいました。「色違いはあるの？」「これって、ここのパーツは替えられるの？」など矢継ぎ早に聞いてきます。焦った私は「わからない」と言うこともできず「たぶん、黒もあると思うのですが」「替えられると思います」とあいまいに答えました。

お客様ははっきりしない私の態度にイライラしたのか、突然「適当に答えるんじゃねえよ！」と吐き捨てるように言いました。そして「もういいよ。自分で調べる」と言いながら店を出てしまいました。

なぜこのようなことが起こってしまったのでしょうか。

私は「すぐに答えないといけない」と焦り、きちんと調べないままお客様に**「たぶん」「～と思います」**と自信なげに答えてしまいました。しかし、このような時にお客様が欲しいのは不確かな情報ではなく、正しい情報です。多少時間がかかっても、きちんと調べてほしいという場合もあります。私があいまいに済ませようとしたことに対するお叱りでした。

お客様から質問を受けた時は「『このパーツは交換できるか？』というご質問ですね」などと質問内容を復唱し、確認をしましょう。それから「あいにく私ではわかりかねますのでお調べいたします。5分程お時間をいただきますが、よろしいでしょうか」とお客様の了承を得てからその場を離れます。

椅子があれば座っていただき、パンフレットを渡したりアプリのダウンロードをすすめるなど、待つ間に退屈しないようにすると、気が利いた印象になります。

「時間がない」と言われた場合はお調べしてから連絡する旨を伝え、連絡先を聞いておきます。連絡可能な時間帯やお客様が電話に出なかった時、留守番電話にメッセージを入れてもいいかなどを聞いておくと回答がスムーズです。


わざわざ連絡を待つほどでもないけれど、気になるということを質問された時はどうすればいいでしょうか。

例えば服について、「これって洗えるの？」という質問。わからない時はお客様の目の前でタグを一緒に見ながら「手洗いＯＫという表示があります」と確認すると丁寧な上に、正確です。

よく聞かれることがあれば、詳しく説明できるように自分で試しておきましょう。

私が友人と食事をしている時、友人が「これ見て」とＳＮＳの画面を見せてきました。それは友人が通っている美容室の投稿でした。

友人は美容室でシャンプーをすすめられた時、「適量ってどのくらいなんですか？」と聞いたそうです。その時のアシスタントはすぐに答えられなかったのですが、先輩のスタッフに確認し「ショートカットならこのくらいです」と実際に手にシャンプーを出しながら教えてくれました。

また、そういった疑問を持っている人が多いと判断したその美容室は、ＳＮＳでお客様の疑問に答えるというテーマで投稿を始めたのです。

友人は「忙しいのに面倒がらずにちゃんと説明してくれるの。いいでしょ。親切なのよね、この美容室」と、10年以上通っているその美容室のことを話してくれました。

このように、お客様からの質問を参考に他のお客様の疑問も解消できるように配慮することも、スタッフやお店のファンを作ります。

その場で慌てて答えるよりも、ちゃんと調べて答える。調べた知識を蓄積し、他のお客様にも提供できるようにする。この地道な作業が顧客を増やします。

質問がきたら怖がらず、チャンスと思えるようになると良いですね。

お客様の質問に答えられなかったら、どうすればいいですか？

Point 1

「わからない」と正直に伝え、すぐに調べる

Point 2

「〜と思います」とあいまいにせず、「〜です」と言い切れるようにする

Point 3

調べたことをお客様にわかりやすく説明する

Point 4

調べたことをメモなどにまとめ、次の接客に生かす

Memo

正しい知識が自信に繋がり、お客様に信頼される接客ができます。

Question

25

「他店も見てから決めたい」という お客様に戻ってきてもらう コツはありますか？

Answer

自店商品だけの推しポイントが お客様のニーズに合うことを アピールして、印象づけましょう。

世の中には実店舗やネット通販など買い物ができる場所がたくさんあります。その中でお客様は少しでも自分に合う商品を探しています。

気軽に商品を比較できるようになり便利になった反面、「あちらもいいけど、こちらもいいような気がする。でも結局どれがいいんだろう」と迷っているお客様もいます。そのため最後の最後まで買おうかどうしようか迷い、購入を決める場面になって「他も見てきます」と言われることも増えました。どうすればいいでしょうか。

前にもお話ししましたが、私が店長をしていたショップは大きな商業施設の入口にありました。入店者の数も接客をする機会も多いので予算も高かったのですが、ちっとも売り上げが上がりません。なぜかといえば、お客様が口々に「今こちらに来たばかりなので、他のお店も見てきますね」と言って店を出てしまうからでした。

最初は仕方ないと思っていたのですが、売り上げが上がらないことに焦った私は「こちらは最後の1点です」「いつまであるかわからないので」とお客様に念を押しました。しかし、お客様は困った顔をするばかりで、買ってもらえることも戻ってきてもらえることもありませんでした。

一度お客様が店を出てしまったら、もう戻ってきてくれないかもしれない。そんなふうに思うと、私たち販売員はなんとかお客様を引き止めようとしてしまいます。しかし、決め手と思う一言もなかなかうまく響きません。なぜでしょうか。

お客様が購入する際に気になるのは「この商品よりもっといいものがあったらどうしよう」ということです。それがいいと思っても他の商品と見比べた方が失敗しない、という考えがあります。

ですから、このような時はお客様に「どうぞ、ゆっくりご覧になってきてください」と伝えて送り出した方が親切な印象を与えられます。

しかし、ただ送り出すだけではさっきまでおすすめしていた商品の印象は残らず、お客様は戻ってきてくれないでしょう。近年は服だけではなくインテリアや家電など様々な商品が同質化しつつあると言われるようになりました。差異がパッと見ではわからなければ、値段の安さが決め手になってしまうかもしれません。

ですから、**商品がお客様にまさしくぴったりであることを説明して、何店舗回っても自店の商品が頭から離れないようにしておくことがポイントです。**

私が定期入れを探していた時のことです。毎日使うものだから、と納得するまで商品を探そうと10店舗以上で接客を受けました。しかし、結局買ったのは最初の店でした。

その店のスタッフは「今の定期入れにはどのくらいの枚数を入れていますか？」「小さいカバンを使うことはありますか？」などと普段持ち歩くものを細かく聞いてくれました。それから「ライブなどで荷物をなるべく小さくしたい時、この小銭入れの部分にお金を入れておけるので便利です。他店の商品に比べてこちらは小銭入れの部分のマチが2ミリ程度大きいので、お客様のようにカギも一緒に入れたい、という方にぴったりなんです」と教えてもらいました。

2ミリの差は見た目では他店の商品との違いがわかりませんでしたが、そのわずかな差が、小銭とカギも一緒に入れたい、という私のニーズにマッチしたのです。

このように、見た目ではわからなくても**「他店の商品にはない、自店だけのポイントがお客様のニーズにぴったりです」とアピールしておくことがお客様に強い印象を残します。**

⁂シャツ↓他店の商品よりも肩幅が狭く身頃が大きい
⁂ソファ↓他店の商品よりも横幅が狭くコンパクト
⁂チーク↓他店の商品よりも肌にのせると発色が控えめ

というように、その店の人にしかわからない、他店の商品との違いを教えてもらえれば、「他にも良いものがあったらそちらを買おう」という気持ちが、「これが欲しい。でも、一応他のところも見てこよう」という気持ちに変わります。

また、**他店の商品のことにも詳しい人が言うなら間違いない、という印象を与えられるので信頼感もアップします**。

そのためにも自店の商品だけではなく、他店の商品と比較できるよう他店のサイトをチェックし、サイズの違いや素材、重さなどを知っておくとよいでしょう。

お客様に戻ってきてもらうようにするには、在庫が少ないことを強調するのではなく「自店商品のこのポイントがおすすめです」とお伝えします。どこにでもあるようなシンプルな商品ほど、お客様はその違いを知りたがっているのです。

?

「他店も見てから決めたい」という
お客様に戻ってきてもらうコツはありますか？

Point
1

「ぜひ比較してみてください」
と余裕を見せる

Point
2

自店の商品ならではの特徴や
お客様のニーズに合うポイントを伝える

Point
3

他店の商品をネットで調べる、
実際に手に取るなどして違いを把握する

Memo

他店商品との違い＝購入の決め手。上手にアピールして信頼感と印象を高めましょう。

column

雑談を切り上げる必殺「オウム返し」の術

どんなお客様の来店もありがたいものですが、雑談ばかりで商品提案のタイミングを失ってしまうような、話し好きのお客様の対応に苦慮したことがある方も多いのではないでしょうか。

そんな時は、「話を自然にフェードアウトさせる」技を使ってみましょう。

ポイントは3つ。1つ目は質問で返さないということ。質問をすると興味があるようだからもっと話してあげよう、という気持ちになります。

2つ目は生返事のように相槌を打つこと。P96では会話を続けるために「はい」と「へぇー」を使い分けましたが、ここではすべて「うん」の小さな相槌にします。

そして3つ目は、お客様の話をオウム返しすること。

例えば、孫におもちゃを買った話なら「おもちゃを買ってあげたんですね」とそっくりそのまま返します。この時に重要なのは「優しいですね」「喜ばれたでしょうね」という共感は一切付け加えないこと。共感すると「そうなのよ～」と喜ばれて話が続いてしまいます。

それとなくフェードアウトさせたいという空気を醸し出すのが切り上げるコツ。その上で商品をすすめてどこかへ行ってしまうなら「そういうお客様だ」と割り切ってしまう方が胸を痛めずに済むでしょう。

STEP 4

聞きたくても聞けなかったこと

▸▸▸ スキルアップ

Question

26

お客様と仲良くしているのに、顧客ができません。どうすれば顧客ができますか？

Answer

目指すは仲良しになることではなく
「これを買うならあの人」と
思い出してもらうこと。
自分のいいところを考えてみましょう。

販売員なら誰でも、店に何度も足を運んでくれる顧客のありがたみを感じているでしょう。コンスタントな売り上げが見込める上に、フェアやプレセールの時に必ず来店してくれるのは心強いものです。

一方で、なかなか顧客ができず悩んでいる人も多いのではないでしょうか。

私も顧客ができずに悩んでいる一人でした。セールも終わり、「そろそろ顧客を作っていかないとね」と店長に言われて、ぎくりとしたものです。

隣の店は商品の単価が高いアパレルショップでしたが、店長の顧客がよく来店していました。そこで、私はその様子をそっと観察してみました。顧客作りの参考にしてみようと思ったわけです。休憩から帰ってくる時、その店の前を通りかかると隣の店の店長は顧客と楽しそうに談笑していました。そういえば、うちの店長もお客様と距離を縮めることは大切だと言っていた、と思い出し、早速お客様と雑談をすることにしました。

お客様が商品を手に取ったタイミングで声をかけます。歩きやすい靴を探していると言われたので「歩きやすい靴が一足あると便利ですよね。私も先日……」とここぞとばかりに雑談を始めてみました。お客様も興味深そうに聞いてくれ、20分程和やかに話しました。

それから、他のお客様にも同じように接客をしました。細かい文字でびっしりと埋めた来店のお礼ＤＭも送りました。

しかし、顧客は依然としてできないままでした。それどころか、売り上げも伸びません。お客様も楽しそうに会話をしてくれているのに、なぜお店にもう一度来てくれないんだろう。私はどうしていいかわからず悩み続けました。


お客様と会話が弾んでも、その後、一所懸命お礼のＤＭを書いても、顧客ができなかったのはなぜでしょうか。それは、お客様が「雑談をする」ということに魅力を感じなかったからです。


顧客作りとは、言い換えればお客様にファンになってもらうということです。お客様が自分の接客のどこかを好きになり、ファンになってくれるのです。

先程の例に置き換えるとどうでしょうか。会話は盛り上がったものの、お客様が商品を選ぶ上で役に立つようなことはできていません。会話をするだけなら、お客様のご友人やご家族など様々な方がいるはずです。

ベラベラと自分のことを話す私の接客スタイルは、お客様にとって「好きになる部分」が見当たらないものだったのです。

でも、隣の店の店長だってベラベラしゃべっていただけじゃないか！　そう思われた方もいるでしょう。実はそうではなかったというのは、隣の店のお客様と話をする機会を得て知りました。

そのお客様が自店に来店した際「よく隣のお店にいらっしゃいますよね」と話しかけると、「そうなんです。店長さんにいつも服を選んでもらっていて」と言います。会話はしても、お客様に服を選んでほしいと言われた経験がなかった私は、思わず「なぜ服を選んでもらっているのですか？」と聞き返してしまいました。すると、お客様は「あの店長さんってね、似合わないものとか買わなくていいものをはっきりアドバイスしてくれるの。私のことをよく知っているから、安心して聞けるのよね」と言いました。

雑談だけしていたようでいて、店長はお客様の生活スタイルや手持ちのものを確認するために会話をしていたのでした。私のように、ただ場を盛り上げるためだけではなく「お客様のことを知る」という明確な目的があったのです。

お客様は「自分のことをよくわかっている」「アドバイスをしてくれる」という点

が好きで店長のファンになっていた、というわけです。店にもう一度足を運びたくなる理由があるからこそ、顧客になってくれるとわかった一件でした。

自分の接客のどこがいいのか。もしくは自分だったらどんな接客を受けたら販売員のファンになってしまいそうか。それらを考えてみることから顧客作りは始まります。他店で実際に接客を受けてみるのもおすすめです。先程の例のように「自分をわかってくれている」「アドバイスが的確」などもありますし、「相談しやすい」「すすめてくれる商品が自分の好みに合う」「商品知識が豊富」など様々な理由があるでしょう。自分はそれらの中で何が得意か、何を伸ばしていきたいかを考えていくと顧客作りのヒントになります。

「自分をわかってくれている」という点を磨くなら、お客様が自分のことを話したくなるような会話のコツを習得したいものです。この本に書いてあることを実践していただいてもいいですし、更に深めるなら会話術の本を読んでみたり、コーチングの技術を学んでみたりしてもよいでしょう。

「アドバイスが的確」を磨くなら、お客様に何がぴったりかを見極め、腑に落ちるような説明をするためのスキルを高めます。骨格診断やパーソナルカラー診断などの資格を取得する手もありますが、大切なのはその知識をお客様に対してどのように使っていくか、です。

闇雲に目新しい方法を試すより、一度立ち止まって自分の接客のどこがいいのかを考えてみましょう。やることが見えれば、皆さんの接客はより一層必要とされるようになるでしょう。

?

お客様と仲良くしているのに、顧客ができません。どうすれば顧客ができますか？

Point 1

お客様からの相談や質問に的確に答える

Point 2

接客で得意な点や、上司やお客様に評価される点を把握し、伸ばしていく

Point 3

他店の接客を受け、どのような販売員の顧客になりたいか、客目線で考える

Memo

販売員にしかできないことの積み重ねが顧客獲得に繋がります。

Question

27

接客中は盛り上がったのに、会計時にぎこちない空気になってしまいます。

Answer

会計時の急なマニュアル対応が原因かも。常に自分の言葉で話すことを意識しましょう。

お客様のニーズもしっかり聞き出し、こちらの提案にも喜んでいただけた。だけど最後になんだか他人行儀になって、しらけた空気が流れてしまったような気がする。もしかしたら自分だけが感じている小さな悩みかも、と思う人もいるでしょう。しかし、繊細な販売員ほど、このようなことを気にするもの。意外と多くの人が、お客様と充実した余韻を残したままお見送りをするにはどうしたらいいか、と考えています。

私がとある駅ビルで販売員をしていた時、接客での会話がとても盛り上がったお客様がいました。ワンピースの提案をきっかけに話しかけたそのお客様と、よく足を運ぶ水族館や映画に出てきたファッションについて話し込みました。お互い気も合い、好きなテイストが一緒だからという理由で提案する商品はあれもこれも気に入ってくれて、いつのまにかレジにはたくさんの商品が積まれたのです。

こんなに距離の縮まった人は初めて、きっと顧客になってくれるだろう、とほくほくした気持ちになりました。でも、そのお客様が再び来てくれることはありませんでした。がっかりしつつも、心あたりがありました。お客様の帰り際に私が口にした一言です。それを聞いて、お客様は寂しそうな顔をしているような気がしました。

お客様をお見送りした私を先輩が呼び止めました。「何でお会計になると白々しい感じになっちゃうの？」と言います。私は自分ではそんな気はなかったのでびっくりしてしまいました。

「さっきまで冗談とか言い合ってたのに、どうして突然『またお越しくださいませ』とか、他人行儀な言い方になっちゃうの？　お会計の時に急にそんなふうになったら、買ってくれた後はもう他人、って感じになっちゃうよ？」と言われ、初めて自分の態度の変化に気がついたのです。

それ以来、親しく話したお客様をどのような言葉でお見送りすればいいのかを考えるようになりました。

お客様と距離を縮めたいのに、なんだか壁を感じてしまう。毎日多くの初対面のお客様と会話をしている中で、どこか寂しさを感じている販売員は少なくありません。

そのような時、ぜひ意識してほしいのが、**自分の言葉で話す**ということ。

先程、お客様に対し「ありがとうございました、またお越しくださいませ」という言葉により、よそよそしい印象を与えてしまった私の失敗談をお伝えしました。他にも「お出口までお送りいたします」「ポイントカードはよろしいでしょうか？」など、失礼ではないものの、どこか気持ちの感じられないマニュアルワードがあります。

こちらとしては礼儀正しくと意識するからこその言葉なのですが、お客様にとっては「さっきまで楽しく話をしていたのに、よそよそしい」と思うところでもあります。「それ、面白いですね」「初めて聞きました、すごいですね」などやや崩した敬語を使っていた相手には、突然堅すぎる敬語を使わない方が、気持ちが伝わります。

ですから「お出口までご一緒させてください」「ポイントカードはお持ちですか?」など、接客中の空気と変わらないやや崩した敬語を使うと違和感がなくなります。


先日、友人とある店に買い物に行った時のことです。その店では、珍しい香りの香水を扱っていました。「北欧の霧を思わせるような香り」などと個性的に表現され、販売員とも海外の話で盛り上がりました。

私たちはお忙しい中こんなに話をしてしまって申し訳ないと思っていましたが、その方の言葉で、すっかり嬉しくなってしまいました。

「今日、お二人とお会いできてとても嬉しかったです。またお話しさせてください」

にこにこしながらそう伝えてくれるその方に、ほっと安心感を覚えました。友人と店を出た後も「最後まで感じの良い人だったね」と言い合い、良い販売員さんに出会えてよかった、と満足感たっぷりで帰りました。

お客様に最後まで親しみやすく好印象を残すには、お見送りの際の言葉や態度が大切です。先程の例のように「お会いできてとても嬉しかったです」というような言葉は、接客以外の場面ではよく聞くものですが、本来感謝を伝えるべき接客の場面ではあまり聞かれない言葉です。

その時々の対応が求められる接客には必ず言わなければいけない、決められた言葉というのはないと私は思っています。むしろ「次にお会いするのが楽しみです」など、自分が伝えたい言葉を使う方が、お客様は嬉しい気持ちで受け止めてくれるでしょう。

もちろんマニュアルワードを絶対に言ってはいけない、ということではありません。その際は顔いっぱいに笑ったり、心を込めて言えば大丈夫。つまり、気持ちが伝わるようにすればいいのです。

また、心のこもったお見送りの言葉には、お客様も去り難く思ってくれるものです。別れた後、お客様が少し経ってから振り返ったりすることも想定して、しばらくその場にいるようにしましょう。角を曲がるまで、エレベーターに乗るまでなど、基準を設けておきます。

接客は人と人との思いを通わせる場。その時、味方になってくれるのが、自分の気持ちを伝える言葉です。使い古された言葉ではなく、皆さんの気持ちを伝えられる言葉を選ぶようにすると、お客様との絆が深まります。

?

接客中は盛り上がったのに、
会計時にぎこちない空気になってしまいます。

Point 1

接客中と会計時の対応のトーンを
変えない

Point 2

マニュアルワードを
自分の言葉に変えて、伝える

Point 3

お客様が振り返るタイミングで会釈するなど、
お見送り後も気を抜かない

Memo

買わせるために親切にしたわけではない、とお客様に感じてもらうことが大切です。

Question

28

予算を毎日達成するには、
どうすればいいでしょう?

Answer

接客のチャンスと
お客様に商品を見せる「回数」を
カウントしてみましょう。

閉店後、今日の売り上げをチェックしていたら、あと1000円で予算達成だった。惜しい、もうちょっとだったのに。そんな悔しい思いを誰もがしたことがあるでしょう。

あれを売っていたら、これを売っていたら、と後悔しないようにするために、日頃から心がけておきたいことがあります。

私が、入店客数が少ない店に異動した直後のことです。最初は異動前の店との違いに戸惑ってコツも摑《つか》めず、予算達成には遠く及びませんでした。しかし、だんだんと売り上げが取れるようになってきました。それでも、予算まであと少しのところで届かないのです。

惜しい日ではあと500円、ということもありました。閉店してから「あの時、あれが売れていたら」と思うのですが、惜しい、というレベルなら自分の接客力もついてきたということなのかな、とのんびり構えていました。

私がガックリと肩を落としたのは月末に売り上げを見た時です。日割りで見れば予算達成まであと数千円、というものでしたが、月単位で見た時には予算には大きく届かなくなっていました。まさに「惜しい」の積み重ねが招いた結果でした。

私は「来店したお客様には絶対接客をしているつもりだし、商品も提案している。何がいけないんだろう」と思いました。もうできることがない、と途方に暮れてしまったのです。

あとちょっと！　を超えるのが一番難しく、小さな落とし穴に気付いて改善するしかありませんが、私自身はやるべきことは全部やっていると思っていました。

しかし、その直後、私の接客を受けた覆面調査員から次のような指摘を受けたのです。

「接客につくのが早すぎて、もう少し一人で商品を見たい、という気持ちになった。しかし、接客してもらおうと見回しても気がついてもらえないことがストレスだった」

たしかに、思い当たる節がありました。一度接客をして反応が悪かったお客様のことはノータッチになってしまっていたのです。また、提案についてはこんなことを指摘されました。

「すすめるために持ってきた商品をこちらが見ていないうちに戻されてしまう。それぞれの商品について説明をしたり、触らせたりしてほしかった」

これにも身に覚えがありました。たくさん紹介してもどうせ押し売りに感じられるだろう、と商品を一瞬で戻してしまっていたのです。目に触れる時間や商品数が少なければお客様が判断する選択肢もありません。

調査した人は販売員などではなく、一般のお客様でした。リアルな指摘に、私はまだまだお客様の気持ちをわかっていなかったのだ、と痛感させられたものです。

覆面調査の結果を受け、私はセカンドアプローチをする回数と、お客様に見せる商品の数と時間を意識するようになりました。ファーストアプローチは全員にできていたかもしれないけれど、セカンドアプローチはできていなかった。まず、何回できているのか、正の字を書いてカウントしました。

見せる商品の点数も今までは1点だけでしたが、3点以上、3秒ずつ見せるということを意識してみました。3秒とはお客様にお見せして、興味があったら触る、じっと見るなどのアクションが確認できる時間です。

このように、それぞれの**「回数」と「時間」を意識する癖をつけたところ、販売のチャンスが増えていきました。**

ファーストアプローチだけで、会話も交わせないというケースも減り、紹介する商品を増やしたことで、お客様の興味を引くような選択肢を用意することができたのです。

下手な鉄砲数打ちゃ当たる、というわけではありませんが、分母を増やさなければ売り上げも伸びません。どこにチャンスが眠っているかわからないからこそ、回数と時間を増やすことが可能性に繋《つな》がるのです。

覆面調査のおかげで私は回数と時間を増やすための見直しができ、今まで「惜しい」続きだった売り上げ予算も無事に達成できるようになっていきました。

このように、「惜しい」と思うことが続くようなら**回数と時間を軸に自分の弱いところを具体的に洗い出してみる**とよいでしょう。例えばファーストアプローチ・セカンドアプローチ・ニーズ把握・商品提案・クロージング、というように接客の過程を分解し、それぞれ自分がどのような動きをしているかを振り返ると、改善点が見つかります。

「あの時こう答えられていたら」「これを聞き出せていたら」と思いつくことを書き

出し、それをクリアしていくことで「惜しい」が改善されていきます。自分ではやっているつもり、できているつもりでも、数字を見ると見直しが必要ということがあります。

小さな積み重ねで売り上げを伸ばしていきましょう。

予算を毎日達成するには、
どうすればいいでしょう?

Point
1

接客中の行動(アプローチの回数や提案する商品数など)を把握する

Point
2

セット率や客単価などを分析し、どの部分を改善すればいいかを考える

Memo

数字を自分の味方にできるようにしましょう。

Question

29

まだ若いせいなのか、
お客様に軽く見られてしまいます。

Answer

接客の基本
「姿勢」「仕草」「話し方」で
余裕を見せましょう。

販売員の年代は幅が広く、若い人でも店長として活躍できる業界です。毎日お客様と接している中で様々な方との出会いがありますが、若い販売員の中には「お客様に軽く見られているかも」と感じてしまう人もいるかもしれません。

お客様より優位に立ちたいと考えているわけではない。けれど、ちゃんと提案を聞いてほしい。お客様の役に立ちたいと考えている人ほど、その思いは強いでしょう。そのために「この販売員はしっかりしている」と安心して話を聞いてもらえるようにしたいものです。

私が店長になったのは20代半ばの頃でした。アパレルとしては早くも遅くもない時期ですが、私は役職を与えてもらい張り切っていました。

ある日、50代半ばくらいのお客様が来店しました。お客様は靴を高いところから落として試し履きをしたり、勝手に試着室を使ってしまったりと、勝手気ままに売り場を利用しています。

私はなんとマナーを知らない人なんだ、ともやもやとした気持ちになってしまいました。そして、試着室から突然「ちょっと、いい？」と大きな声で呼びかけられました。お客様は終始タメ口で私に話しかけました。

「これ、色違いある？」「なんかさ、ちくちくするよね、やめるわこれ」「おすすめあったら適当に持ってきてよ」

私はすっかりムッとしてしまい、ついつい「かしこまりました」とだけ言って、手を突き出して試着済みの商品を受け取りました。こちらとしてはそれで胸がスカッとするかと思ったのですが、お客様は涼しい顔をしながら「ありがとう」と試着室のドアを閉めたのでした。

お客様のマナー違反が目に余り、イライラしてしまう私のような人が他にもいるかもしれません。以前はお客様は神様だ、という言葉もありました。しかし今では、販売員とお客様はＷｉｎ－Ｗｉｎの関係だと捉える流れに変わってきています。そのためより一層、マナー違反が目についてしまったり、それにより自分が軽く見られていることを許せないと感じたりする人も増えているようです。

このような話をすると感情論になりますが、**相手の態度にイライラしてしまうのは、余裕のなさの表れです**。私はちゃんとしているのに、我慢しているのに、などと、真面目でまっすぐな人ほど、ついつい相手の自由奔放さが目についてしまいます。

当時、私は店長という役目を与えられたものの、自信がありませんでした。お客様にそれを見透かされたようで、ついつい大人気ない態度をとってしまったのです。

それではこのような時、私たちはどうしたらいいでしょうか。

答えはただ一つ。**自信を持つことです**。特に、基本を習得した時の自信や安心感は自分の接客を力強く支えてくれます。お客様にはこちらの余裕を見せて丁寧に対応しましょう。

接客の基本、というと何を思い浮かべるでしょうか。

売り上げに直結しないと考えられているため、ついつい見逃されがちですが、姿勢・仕草・話し方が接客の基本にあたります。

姿勢は背筋をピンと伸ばした状態。肩を少し反らして、鎖骨から肩までを一直線にするイメージです。胸を張ると、背筋も自然と伸びます。

研修で販売員の姿勢をチェックするのですが、大抵の人が、肩が内側に入り猫背気味になっています。胸を張った方が声も通りやすくなり、頼もしい印象になりますので意識していきましょう。

仕草では歩き方や指先の使い方がポイントです。小股で歩くよりも、少し大股で、かかとから着地するように心がけます。足の裏全体でペタペタと歩くと幼く感じる人が多いからです。

もう一つ、大切なのは指先の動き。商品に手を添える時に指先を意識すると、自然と丁寧に商品を扱えるようになるでしょう。気にかけている分、動作もゆっくりになるので、余裕があるように見えます。

私自身、ずっと「売れている販売員が必ずしも姿勢が良いとは限らない」と考え、特に気にすることはありませんでした。しかし、一回胸を張ってみたら、ゆっくりした呼吸を意識するようになり、相手を冷静に見ることができるようになりました。身体に心がついてくる、とはまさしくこのことだなと感じました。


私がとある脱毛サロンで施術の相談をした時のことです。そのサロンのスタッフは私よりも10歳以上も年下だと思われましたが、ずいぶんと大人びて見えました。それは、先程お話しした接客の基本ができていたからです。

座っている時の姿勢や書類の説明文を指し示す指はすっと伸びて優雅でした。決して偉そうにしているわけではなく、一つ一つの動作に自信があるように見え、それでいて話し方が謙虚で穏やかなのです。

私は施術に痛みがあるのかなど、非常に不安がありましたが、その方の説明を受けていくつものコースをオーダーしてしまいました。

この脱毛サロンはいつも予約がいっぱいで、施術をなかなか申し込めないくらい繁盛しています。私と同じように「このサロンなら大丈夫」と安心した方が多かったからではないでしょうか。


お客様の態度にイライラしてしまうのは自分に自信がないからです。しかし、自信をつけようとしても基礎が固まっていないと、いつまでも自分がやっていることに不安が残ってしまいます。

接客の基礎の基礎、立ち居振る舞いを改善することで、人としての余裕が生まれます。直接的な売り上げに繋がらなくても、自分の大きな自信となり、お客様にも自分にも安心感を与えてくれるでしょう。

?

まだ若いせいなのか、
お客様に軽く見られてしまいます。

Point 1

基本的な姿勢・話し方・
歩き方のポイントを押さえる

Point 2

お客様の前では
余裕のある仕草を見せる

Point 3

お客様の言葉にムッとしても
「そういう考えの人もいるんだな」と
すぐ受け流す

Memo

基本をしっかり押さえておけば「プロ」として安心して受け入れてもらえます。

Question
30

普段の接客と差がある
ロールプレイング大会。
出ることに意味はあるのでしょうか？

Answer

自分の悪い癖を知るいい機会。
接客の基本も再確認できて、
自信が倍増します。

販売員のやる気を引き出すために行われるようになったロールプレイング大会。各商業施設の予選会に始まり、決勝では全国から集まった販売員が優勝を争います。しかし、このロールプレイング大会、年々参加者が減っていると言います。理由は「実際の接客の役に立たないから」。果たして、本当にそうなのでしょうか。

私が講師という職業についてから、とある雑貨店の販売員の相談を受けました。ロールプレイング大会に出るように言われたが、どうしても気乗りしないということです。

訳を伺うと「あんなに大袈裟《おおげさ》にリアクションをしたら、わざとらしいと思われる」「実際の接客では避けている『何かお探しですか？』などを言っても評価される人がいる」と評価基準に疑問を持っているようでした。

たしかに、ロールプレイング大会では審査員の方から距離があるため、仕草が多少オーバーになります。制限時間の中で動的待機からクロージングまでを行わなければならないので、ニーズ把握だけに時間を割くことができません。ですから、直接的な問いかけにお客様役の方もストレートに答えてくれます。

普段売り場で接客している人にしてみれば「そんな親切なお客様いないよ！」と思

うかもしれません。

このように、リアルな接客と多少差があるロールプレイング大会ですが、大会に出ることは本当に意味がないことなのでしょうか。


相談をしてきた販売員から後日連絡がありました。結局ロールプレイング大会に出たということでしたが、その声はとても晴々としたものでした。

残念ながら予選敗退とのことでしたが、彼女なりに大きな学びがあったようです。自分の接客について、いつもとは違う視点で見ることができたと言います。

彼女は「姿勢が良くても数字には関係ないと思っていたけれど、お客様の信頼感に繋がるんですね」「お客様役の人が簡潔に質問に答えてくれたのに、その先のニーズが掘り下げられませんでした」などと、気付いたことを教えてくれました。

彼女にとっては、自己流でやっていた接客の基礎を学ぶ機会になったのです。ロールプレイング大会は基本的な項目を重視する傾向があるので、自信がないまま行っていたことの基礎固めに繋がります。

売り上げを取ろうとすると表面的なテクニックに頼ってしまうことがありますが、こうした**基礎作りは安定的な売り上げを確保し続けていく上で必要です**。

また、他店の販売員がどのような接客をしているのかも大いに参考になるでしょう。各店から推薦されてくるぐらいの人たちなので、なかなかの強者揃いです。お客様からの質問にはこう返せばいいのか、こんな時は一旦間を置くといいのか、など自分の接客へのヒントになります。

何より、自分の接客がどのくらいのレベルなのかを知る機会としても貴重です。客数も少なく、売り上げもなかなか取れないという中、自分自身で接客レベルの評価をするのは難しいからです。

講師からのアドバイスを受け、他の人の接客を見ながら、自分の得意なところや弱いところを知ることができると、売り場で意識する部分が変わってきます。

スポーツ選手は自分のプレーを動画に撮り、それを自分で見たり、人に見てもらったりして、常に自分の状態をチェックします。改善点をはっきりさせて、身体の細かい動きを修正しているのです。

接客もスポーツと非常に似ていて、細かい言い回しや立ち居振る舞いなどで、お客様の反応が変わっていきます。**「人から見られている」と意識することや自分の動きがどうなっているのかを知ることは、接客をより良くしていきます。**

このように、ロールプレイング大会は自分を知る上でとても有意義な場です。表面的に捉えると、接客には全く役に立たないような印象を受けます。しかし、視点を変えてみることで、普段売り場にいる時以上の気付きを得られるのです。

売り場から飛び出して、知らない人に交ざって指摘を受けるのは怖いことかもしれません。しかし、勇気を出して踏み出してみると自信に繋がります。この本を手に取っているような努力家の皆さんなら、きっとプラスになるはず。ぜひ、ロールプレイング大会に参加してみてください。

?

普段の接客と差があるロールプレイング大会。
出ることに意味はあるのでしょうか？

Point 1

客観的なアドバイスがもらえる場、
基礎を学ぶ場であると捉える

Point 2

大会に参加する前に、どのような
接客がしたいか目標を決める

Point 3

他店の販売員のいいところや
取り入れたいと思う接客方法を参考にする

Memo

自分の接客に置き換えてインプットする癖をつけるようにしましょう。

おわりに

afterword

今と昔、接客はどのように変わったでしょうか。

本質的には何も変わっていない。私はそう考えています。

もちろん、お客様の世代によって考え方や価値観は違うかもしれません。それに合わせて、販売員が学ぶことも変化があるかもしれません。

しかし、接客の相手が人であることは変わりありません。ニーズや要望は人それぞれです。お客様によっては人見知りする人もいるし、販売員とコミュニケーションを取りたい人もいます。

お客様に合わせてどのように接していくのか、状況を判断しながら会話を重ねる、ということは接客の基本として変わることはないのです。

現在、世の中には情報が溢れています。ＳＮＳを閲覧していると、新しい技術や考え方がいくつも目に飛び込んできます。そうしていると、今自分が取り組んでいることがひどく時代遅れに思え、少しでも斬新なことを取り入れなければならない、と焦ってしまうかもしれません。

しかし、そんな時こそおまじないのように唱えてほしいのです。

「基本が一番」、と。

華やかに見える販売員の世界ですが、販売員という仕事は周りが思っているよりも地味で、職人のように知識と技術が必要です。

何かを変えたからと言って、すぐに爆発的に売れる！　ということもありません。だから、毎日コツコツ、積み重ねることが大切です。

そうしている間に、うまく結果が出なくて不安になることもあるでしょう。

でも、絶対に大丈夫。気付かないうちに、少しずつ皆さんは成長しています。前に向かって進んでいるのです。

接客なんて、もういらない。

心無い言葉を耳にすることも増えましたが、そんなことはありません。

毎日積み重ねた技術や知識は確実にお客様や世の中に貢献しています。

私たちはそのことを誇りに思い、これからもお客様に向き合っていけたら、そう思っています。

平山枝美

売れる販売員になるための

目標達成チェックシート

HOW TO USE

目標を達成できた日付とチェックを入れていきます。

得意なところと苦手なところがはっきりしてくるので、接客の見直しに役立ててください。自分だけのペースで進めてもいいし、その日に達成したい項目を朝礼時に発表し合ってもいいし、使い方は様々。

チェックがすべて埋まった時、「売れる販売員」になっているはず！

STEP 1 お客様が居心地のいい店作り 動的待機〜アプローチ

Question 01
私が店頭にいるとお客様が入ってこないような気がする。どうすればいいでしょうか？ ▸P14

チェック	日付	
☐	／	声出し＋αの動作でほどよい忙しさを演出する
☐	／	わざとらしくない自然な笑顔と目元を意識する
☐	／	入口に対して身体の側面を向け、隙を作る

Question 02
暇な時間に、何をすればいいかわかりません。 ▸P21

チェック	日付	
☐	／	1日1商品以上、特徴を3つメモする
☐	／	どんなお客様にすすめたいかをイメージする
☐	／	そのお客様におすすめしたい理由を考える
☐	／	接客でうまく答えられなかったことを復習する

Question 03

ファーストアプローチが苦手。どうすれば得意になりますか？ ▶P28

チェック 日付

- ☑ ／ 動的待機の時と同じくらいのテンションで話しかける
- ☑ ／ 「接客あるあるワード」を使わない
- ☑ ／ お客様の反応をうかがうに留めて、詳しくはセカンドアプローチに持ち越す

Question 04

お客様に声かけをすると「まだ見ているのに」という顔をされてしまいます。 ▶P35

チェック 日付

- ☑ ／ 目の端や気配でお客様の状況を把握する
- ☑ ／ お客様が商品を手に取って3秒数えてから、近づく
- ☑ ／ 商品を畳むなどのメンテナンスをしながら、横から近づく

Question 05

見ているだけで商品を手に取らないお客様にはどうアプローチすればいいですか？ ▶P42

チェック 日付

- ☑ ／ 天候の話など、世間話で自然に話しかける
- ☑ ／ すぐに接客トークに切り替えず、お客様への興味を示す一言を加える
- ☑ ／ 商品と大きく離れない程度の話題作りを心がける

Question 06

ファーストアプローチの反応が薄いと、セカンドアプローチを遠慮してしまいます。 ▶P48

チェック 日付

- ☑ ／ お客様が商品を2、3点手に取っているところを見送る
- ☑ ／ 什器一つ分程離れた、お客様から見えるところで待機する
- ☑ ／ お客様が鏡を探している・じっと見ている・もう一度手に取った、などのサインをキャッチする

Question 07

「○○をお探しですか？」と聞くと「違います」と言われてしまいます。

▶P54

チェック　日付

- ／　「○○をお探しですか？」のように商品やニーズを限定しない
- ／　お客様が共感しやすい一言を使う
- ／　お客様がなぜその商品を手に取ったのか理由を聞き、深掘りする

Question 08

戻ってきたお客様に「おかえりなさいませ」と声をかけたら、なぜか気まずそうなご様子……。

▶P60

チェック　日付

- ／　戻ってきたことに気付いているアピールは アイコンタクトや会釈で控えめに
- ／　お客様に声をかけた後、30秒程見守る
- ／　お客様が迷っているタイミングを見計らいながら声をかける

Question 09

「もう持っている」と言われたら、どう対応すればいいですか？

▶P66

チェック　日付

- ／　お客様に使用感を確認する
- ／　使用感を聞いた上で、新たな商品やプラスするとよいものを提案する
- ／　「ぜひ続けてください」など、時にはお客様の自信に繋がる一言を伝える

Question 10

店内に販売員は自分一人。そんな時に混雑したらどうすればいいですか？

▶P72

チェック　日付

- ／　「少々お待ちください」と一声かける
- ／　「あと○○分です」「2番目にご案内します」などと状況を伝える
- ／　周りを見渡す癖をつけ、店内の状況を確認する

Question 11 お客様が心を開いてくれません。気さくに話しかけているのに、どうしてですか？ ▶P80

チェック　日付

- ☐ ／ 共感以外の「ね」「よ」を語尾につける、「はいはい」と繰り返すなどの話し癖に気をつける
- ☐ ／ 「ズボン」→「パンツ」のように、お客様の言葉を言い換えない
- ☐ ／ 「要するに」などの言葉を避け、丁寧な表現で話をまとめる

Question 12 お客様が謙遜したり、ネガティブなことを言ったりした時、どう返せばいいですか？ ▶P87

チェック　日付

- ☐ ／ 「そんなことないですよ」とすぐに否定せず、お客様の気持ちにまず共感する
- ☐ ／ お客様と同じ立場の人の例を挙げ、提案する
- ☐ ／ お客様が気にしていることを推測し、安心してもらえる一言を加える

Question 13 口下手なのですが、接客ってうまくなりますか？ ▶P93

チェック　日付

- ☐ ／ 次の話題を考えたりせず、集中してお客様の話を聞く
- ☐ ／ お客様の話にタイミングよくリアクションする（頷く・相槌を打つ）
- ☐ ／ 頷きのパターンを使い分ける

Question 14 二人以上で話し込まれてしまうと、間に入れず接客が成り立ちません。 ▶P100

チェック　日付

- ☐ ／ お客様の視界に入る位置（横・斜め前）で話を聞く
- ☐ ／ ファーストアプローチの時は横でメンテナンスをしながらタイミングをうかがう
- ☐ ／ お客様同士が疑問形で話している時に、会話に入るようにする

Question 15
お客様を褒めようとすると、わざとらしくなってしまうことがあります。 ▶P106

チェック 日付

- ☑ ／ 見たままの事実を伝える（×かわいいですね　〇大きいですね）
- ☑ ／ 「どこでお求めになったのですか？」などと話を続け、関心があることを示す
- ☑ ／ 会話からニーズや好みを引き出し、自然な流れで提案トークに結びつける

Question 16
お客様のサインに気がついているものの、それにどう対応すればいいかわかりません。 ▶P113

チェック 日付

- ☑ ／ お客様の興味に合わせて説明を切り替え、共感を示す
- ☑ ／ 言いにくいことを確認する時は、一般化した表現にする
- ☑ ／ 気になっていることをお客様自身がうまく言葉にできない時は代弁する

Question 17
私が話すと、お客様に聞き返されたり、ポカンとされたりします。 ▶P120

チェック 日付

- ☑ ／ 「～ので」「～から」「～けど」を連発せず、簡潔に話す
- ☑ ／ 自分がどのくらいのスピードで話しているのかを把握する

STEP 3　お客様の「欲しい！」をくすぐる　商品提案

Question 18
お客様の要望が多すぎて、ぴったりの商品をなかなか提案できません。 ▶P130

チェック 日付

- ☑ ／ お客様が最初に言ったことや繰り返し言っていることを把握しておく
- ☑ ／ なぜその要望を持っているのかを掘り下げる
- ☑ ／ 要望の中で優先順位をつける

Question 19

さっきまで反応が良かったのに「ちょっと考えます」と断られてしまいます。 ▶P136

チェック 日付

- ☑ ／ お客様のニーズを先入観で決めつけないようにする
- ☑ ／ 一方的に話すのではなく、お客様が手に取った理由を確認する
- ☑ ／ 細かいことも口に出して確認し、お互いのズレを防ぐ

Question 20

商品説明をしているうちにネタ切れになってしまいます。 ▶P142

チェック 日付

- ☑ ／ 1回の接客で話すメリットを3つ以内にし、「狭く深く」を意識する
- ☑ ／ 一つのメリットを具体例を交えて話す
- ☑ ／ お客様のニーズに合わせて、メリットを選んで伝える

Question 21

「お持ちでないなら、あると便利です」と推しても、購入に繋がりません。 ▶P149

チェック 日付

- ☑ ／ 持っていない理由を聞き出す
- ☑ ／ お客様から聞き出した悩みについて解決策を提案する
- ☑ ／ 悩みがすっきり解決したら、さらにメリットを伝える

Question 22

お店の商品やサービスを好きになれず、共感の言葉が嘘っぽくなってしまいます。 ▶P155

チェック 日付

- ☑ ／ 自分の好みではなく、お客様の視点でメリットを考える
- ☑ ／ お客様がどのようなシーンでメリットを生かせるかを説明する
- ☑ ／ 雑誌やネットの記事などに目を通し、流行を把握する

Question 23 安いものの方がおすすめしやすく、高いものがなかなか売れません。 ▶P162

チェック 日付

- ☑ ／ 「安いものしか売れない」と思い込まず、価格にかかわらずすすめる
- ☑ ／ 「高いんですけど」などとネガティブな前置きをしない
- ☑ ／ 値段の理由や推しポイントを迷わず言い切る

Question 24 お客様の質問に答えられなかったら、どうすればいいですか？ ▶P169

チェック 日付

- ☑ ／ 「わからない」と正直に伝え、すぐに調べる
- ☑ ／ 「～と思います」とあいまいにせず、「～です」と言い切れるようにする
- ☑ ／ 調べたことをお客様にわかりやすく説明する
- ☑ ／ 調べたことをメモなどにまとめ、次の接客に生かす

Question 25 「他店も見てから決めたい」というお客様に戻ってきてもらうコツはありますか？ ▶P175

チェック 日付

- ☑ ／ 「ぜひ比較してみてください」と余裕を見せる
- ☑ ／ 自店の商品ならではの特徴やお客様のニーズに合うポイントを伝える
- ☑ ／ 他店の商品をネットで調べる、実際に手に取るなどして違いを把握する

STEP 4 聞きたくても聞けなかったこと スキルアップ

Question 26 お客様と仲良くしているのに、顧客ができません。どうすれば顧客ができますか？ ▶P184

チェック 日付

- ☑ ／ お客様からの相談や質問に的確に答える
- ☑ ／ 接客で得意な点や、上司やお客様に評価される点を把握し、伸ばしていく

☑ ／ 他店の接客を受け、どのような販売員の顧客になりたいか、客目線で考える

Question 27

接客中は盛り上がったのに、会計時にぎこちない空気になってしまいます。 ▶P191

チェック 日付

☑ ／ 接客中と会計時の対応のトーンを変えない

☑ ／ マニュアルワードを自分の言葉に変えて、伝える

☑ ／ お客様が振り返るタイミングで会釈するなど、お見送り後も気を抜かない

Question 28

予算を毎日達成するには、どうすればいいでしょう？ ▶P198

チェック 日付

☑ ／ 接客中の行動（アプローチの回数や提案する商品数など）を把握する

☑ ／ セット率や客単価などを分析し、どの部分を改善すればいいかを考える

Question 29

まだ若いせいなのか、お客様に軽く見られてしまいます。 ▶P205

チェック 日付

☑ ／ 基本的な姿勢・話し方・歩き方のポイントを押さえる

☑ ／ お客様の前では余裕のある仕草を見せる

☑ ／ お客様の言葉にムッとしても「そういう考えの人もいるんだな」とすぐ受け流す

Question 30

普段の接客と差があるロールプレイング大会。出ることに意味はあるのでしょうか？ ▶P212

チェック 日付

☑ ／ 客観的なアドバイスがもらえる場、基礎を学ぶ場であると捉える

☑ ／ 大会に参加する前に、どのような接客がしたいか目標を決める

☑ ／ 他店の販売員のいいところや取り入れたいと思う接客方法を参考にする

Profile

平山枝美 Emi Hirayama

接客アドバイザー。大学卒業後、アパレル企業に入社。当初はファーストアプローチもできず、売り上げがまったく取れなかったものの、売れる販売員は購入に繋がる「一言」を効果的に使っていることに気付く。以来、接客の一言に磨きをかけ、社内全販売員200人中売り上げトップに。その後、新規店舗の店長を務め、予算比180～200%達成。入社最速でエリアマネージャーに抜擢される。担当店舗のマネジメントと店長の育成を担当しながら、不採算店舗を次々と立て直し、年間売り上げ10位だった店を1位に押し上げるなどの実績を残した。その手腕を活かし、全国の店長育成を担当。大手アパレル会社に移籍し、店長の育成に携わった後、独立。無印良品（良品計画）、大型商業施設、インテリア小売店など、アパレルに留まらず小売業全般の接客アドバイスを手がける。現場の販売員の悩みを熟知したアドバイス・研修は、「言われたとおりに接客したら売り上げがアップした」などと好評で、満足度アンケートで最高評価98%と人気を誇る。また、初めての著書『売れる販売員が絶対言わない接客の言葉』（日本実業出版社）はベストセラーとなる。

デザイン................新井大輔　中島里夏（装幀新井）

カバーイラスト......石山さやか

DTP........................美創

あの人だけが、なぜ売れるんだろう？

1ヵ月で売れる販売員になる30のこたえ

2020年3月20日　第1刷発行

著者 ……………… 平山枝美
発行人 …………… 見城 徹
編集人 …………… 福島広司
編集者 …………… 真鍋 文
発行所 …………… 株式会社 幻冬舎
〒151-0051　東京都渋谷区千駄ヶ谷4-9-7
電話　03-5411-6211（編集）　03-5411-6222（営業）
振替　00120-8-767643

印刷・製本所 …… 中央精版印刷株式会社

Printed in Japan　ISBN978-4-344-03587-4　C0095

・幻冬舎ホームページアドレス　https://www.gentosha.co.jp/
・この本に関するご意見・ご感想をメールでお寄せいただく場合は、
comment@gentosha.co.jp まで。